常用谚语释义

陈丙合　陈昱州　编著

中国农业出版社

农村读物出版社

北 京

前　言

谨语是俗语的一种。它是在我国人民群众中口头流传的通俗易懂而含义深刻的固定语句。谚语的内容非常丰富，涉及人们的社会生活和日常生活的各个方面，它用朴实而简练的语言反映出深刻的道理，具有广泛的知识性和深刻的哲理性，富于教育意义，是人民群众喜闻乐见的一种语言形式。

谚语是民间文学的一种形式，这也是中国传统文化的重要组成部分。历代的有识之士和广大民众在长期的社会生活和日常生活的实践中，通过对天文、气象、生产劳动、社会生活和人们日常生活中许多问题的观察，并结合本地区的气象、自然条件、生产、工作、生活中的种种体会，总结出许多有益的经验，用简明、朴实、生动、形象的语言编成相应的句子，用顺口溜的形式在民间广为流传和交流，逐步形成了一种固定语言形式，这就是后来人们称为的谚语。也有少量的谚语来源于神话、传说、历史典故、成语等。体现劳动人民智慧结晶的种种谚语，经过不断地提炼加工，日益完善，长期以来，在人们的生产劳动、社会生活和日常生活等方面发挥着巨大的作用。在我国文化科学已发展到相当水平的今天，谚语仍有旺盛的生命力，它将继续为我国的现代化建设、人们的社会生活和日常生活发挥自己独特的作用。特别是讲话或写文章时，恰当使用谚语可以克服语言干巴死板、枯燥无味的毛病，从而使语言生动，饶有趣味，增强讲话或文章的感染力和生活气息，达到良好的表达效果。我们希望广大的读者朋友，结合个人的实际，合理地、正确地选用本书的谚语，使之更好地为自己服务。

谚语是人类认识自然规律和社会实践经验的总结，也是我国古代劳动人民留下来的宝贵精神财富。为了使之更好地促进我国的社会发展和便于广大人民群众选用的需要，我们编写了这本《常用谚语释义》，用简明扼要的语言，对收选的谚语进行了释义。全书收集谚语三千余条，涉及天文、气象、节令、民俗文化、伦理道德、修身创业、劳动生产、社会生活、家庭生活、个人生活等诸多领域。内容健康向上，弘扬主旋律，传递正能量。可供老中青少广大读者阅读学习，还适用于各类图书馆（室）、职工书屋、社区书屋、农家书屋以及家庭收藏。

本书按谚语涉及的内容分为八个篇章（见目录）。每个篇章收集的谚语以谚语首字的笔画为序进行编排；第一字笔画相同的谚语，则按第一字起笔归类进行编排。本书收选谚语的第一字，按上述方法在目录中均有标注，以便读者对照查阅。

　　本书收选的谚语，涉及的内容较为广泛。由于编写者水平有限，经验不足，书中可能存在不少缺点甚至错误，恳请专家和读者批评指正。

陈丙合

2020 年 7 月

目 录

前言

（以谚语首字笔画为序）

伦理道德篇

人情世故篇

修身创业篇

宁（87）　　　你（90）　　　重（95）

让（87）　　　饭（91）　　　饶（95）

幼（87）　　　这（91）　　　狮（95）

过（88）　　　快（91）　　　急（95）

在（88）　　　穷（91）　　　眉（95）

百（88）　　　灵（91）　　　柔（95）

成（88）　　　鸡（91）　　　泰（95）

师（88）　　　事（91）　　　真（96）

当（88）　　　到（92）　　　造（96）

丢（89）　　　钓（92）　　　积（96）

任（89）　　　知（92）　　　爹（96）

自（89）　　　兔（92）　　　逢（96）

行（89）　　　狗（92）　　　高（96）

会（89）　　　夜（92）　　　站（96）

杀（89）　　　单（92）　　　海（96）

创（89）　　　学（93）　　　害（97）

衣（89）　　　终（93）　　　读（97）

好（90）　　　春（94）　　　理（97）

买（90）　　　拾（94）　　　黄（97）

运（90）　　　要（94）　　　常（97）

劳（90）　　　砖（94）　　　眼（97）

两（90）　　　砍（94）　　　蛇（98）

来（90）　　　临（94）　　　敏（98）

困（90）　　　钢（94）　　　偷（98）

牡（90）　　　适（95）　　　得（98）

家庭生活篇

民俗风情篇

岁时节令篇

目　录

劳动生产篇

伦理道德篇

"一勤生百巧，一懒生百病"

人要是勤劳什么技巧都可掌握，而若是懒惰，就有可能生病，影响身体健康。

"一人做事一人当"

自己犯的错误，自己一个人承担。

"一捡三分偷"

捡来的东西不还给别人，就有点偷的性质。

"一字值千金"

同一字千金。形容诗文文辞精妙，不可更改。

"一是误，二是故"

"一是误，再是故"

故：有意。第一次做错事可能是失误，再次犯同类的错误则可视为是有意造成的。

"一失足成千古恨，再回头已是百年身"

比喻一旦堕落或犯下严重错误，就会成为终身的憾事。

"一个博学者的思考，不如三个普通人的商讨"

比喻人多主意多。

"一人为大家，大家为一人"

比喻在社会生活中，个人要考虑到集体，反过来集体也要关心个人。

"一人有难大家帮，一家有事百家忙"

一个人有困难会得到众人相助，一家有事情会得到多家援助。

"一人担一担，众人搬座山"

"一人力气担一担，众人力量搬座山"

比喻个人力量很微小，众人团结起来就能移山填海。

"一不做，二不休"

休：停止。指要么不做，做了就索性做到底。或指事情既然做了开头，就索性做到底。

"一人传虚，万人传实"

指本无其事，但传的人多了，也就使人们都相信是真的了。

"一言口出，驷马难追"

驷：指古代同驾一辆车的四匹马，或套着四匹马的车。意思是一句话说出，就是四匹马拉的车子也追不回来。表示一句话说出口，就无法收回。强调说话要算数，不能反悔。

"一着不慎，满盘皆输"

原指下棋时，一步走错，整盘棋就会输掉。比喻关键的问题处理不当，就会导致全局失败。

"八仙过海，各显神通"

"八仙过海，各显其能"

八仙：指民间传说中的八位仙人，他们是张果老、吕洞宾、汉钟离、曹国舅、铁拐李、韩湘子、蓝采和、何仙姑。传说八仙过东海时不坐渡船，各自使用自己独特的法宝渡东海。比喻人们在完成任务中各显其能，充分发挥自己的长处。

"人而无信，不知其可"

一个人如果没有信用，真不知道怎么能行呢？

"人不可貌相，海水不可斗量"

相：估量。不能凭一个人的外表来估量他的德才，如同海水不能用斗去度量一样。比喻考察和评估一个人不能光看相貌。

"人往高处走，水往低处流"

"人往高处走，鸟往明处飞"

比喻人要有追求高标准和不断进取向上的决心，才能大有作为。

"人怕没脸，树怕没皮"

"人怕丢脸，树怕剥皮"

指人要知羞耻，顾脸面。

"人无理想，一事无成"

如果一个人没有理想信念，什么事情都干不好。

"人无信不立"

意思是一个人不讲信用，就不能立足于世。

"人无刚骨，安身不牢"

比喻人没有刚强的勇气和坚定的意志，就难在社会上立身行事。

"人多出韩信"

"人上一百出韩信"

韩信是西汉开国功臣，刘邦手下的名将，足智多谋，英勇善战。意指人多就会产生杰出的人物。

"人贵有自知之明"

明：清楚。指一个人要清楚自己的长处和不足之处，才能明白自己有多大的本事。

"人家夸，一朵花；自己夸，人笑话"

"人夸一朵花，自夸豆腐渣"

指别人赞扬你才是有真本事；自己夸耀自己好，则只会引起旁人耻笑。

"人敬我一尺，我敬人一丈"

意思是别人尊敬我，我要加倍尊敬别人。

"人争一口气，树争一层皮"

"人争气，树争皮"

指人活着要有志气，要有脸面，才能在世上安身立命；树要有一层完整的树皮才能吸收养料，确保生存。

"人正压百邪"

邪：指不正当。一个坚持原则、思想正派的人，就能压倒任何歪风邪气。

"人心不足蛇吞象"

比喻人的欲望得不到满足，就会做出蛇吞食大象的事情。

"人要公，火要空"

比喻为人处事要公正廉明，才能得到信任；烧火时火心要架空，确保空气充足，火势才能旺盛。

"人之初，性本善"

这是《三字经》的第一句话。意指人刚出生的时候，本性是善良的。

"人有善愿，天必从之"

意指人有善良的愿望，会得到老天的支持。

"人以德为先"

德：指人的道德和品行。意指道德和品行是人在世上安身立命的基础。

"人非尧舜，谁能尽善"

尧舜：传说中上古的两位帝王，贤君的代表。意指一般的人并非尧舜那样的圣贤，谁能够尽善尽美呢。比喻人不可能没有缺点。

"人非圣贤，孰能无过；过而能改，善莫大焉"

圣贤：圣人和贤人，指才智和品德超群的人；孰：谁；善：好。一般人不是圣人和贤人，谁能没有过错，有过错就改正，没有比这更好的了。

"人要闯，马要放"

闯：闯荡；放：放牧。指人要到社会中去闯荡和实践，才能做出成绩；而马则要通过牧放才能膘肥体壮。

"人不能有傲态，但不可无傲骨"

指人不能有傲慢的态度，却不能没有坚强的意志和刚毅的骨气。

"人不为己鬼神怕"

喻指大公无私的人非常高尚，鬼怪神灵都会怕他。

"人上有人，天外有天"

"人上有人，山外有山"

喻指能干的人有很多，本事一个比一个高强。

"人多力量大，柴多火焰高"

"人多力量大，狗多咬死狼"

比喻众人齐心协力力量就大，就能办成大事。

"刀不磨，要生锈；人不学，要落后"

刀不经常打磨刀刃就要生锈，人不勤奋学习增加新的知识，就赶不上时代的步伐。

"刀不磨不利，人不磨不精"

比喻人要精明能干，必须经过艰苦的磨炼，才能取得成功。

"刀在石上磨，人在世上练"

比喻人要在社会实践中经受锻炼，才能学到过硬的本事。

"士可杀而不可辱"

有气节的人宁可被杀死，也不能受辱求活。形容做人要有宁死不屈的气节。

"大丈夫能屈能伸"

大丈夫：指有志气或有作为的男子；屈：失意；伸：指得意。喻指男子汉能根据事物的发展变化，在失意时能忍耐，在得志时能大干一番。

"大丈夫见义勇为"

男子汉遇到合乎正义的事要敢于担当，不畏流血牺牲。

"大事化小，小事化无"

在处理非重大原则问题时，要用化解矛盾的方法来解决。即大事化为小事，小事化为没事。

"大匠无弃材"

技艺高超的工匠不会随便抛弃材料。喻指要努力做到物尽其用或人尽其才。

"大能掩小，海纳百川"

掩：遮掩、宽容；纳：容纳。胸怀宽阔的人能宽容能力小的人，就像大海要容纳百川之水一样。

"大不正则小不敬"

指长辈的行为不端正，不会受到晚辈们的尊重。

"大人不记小人过"

"大人不见小人怪"

指地位高的人不会计较地位低的人的过错，会加以原谅。

"大门关得紧，歪风吹不进"

比喻只要严格自律，提高警惕，就可以避免歪风邪气的侵扰。

"大意失荆州，骄傲失街亭"

三国时，关羽因疏忽大意丢失荆州，马谡因骄傲自满而失去街亭。从中提醒人们做事时，要仔细认真，谦虚谨慎，避免因疏忽大意而造成损失。

"万恶淫为首，百行孝为先"

在各种罪恶中，淫乱是头等罪恶；在许多品行中，孝顺老人则是人最重要的品行。

"上山不怕虎伤人，下海不怕龙卷身"

比喻成就事业要不畏艰难险阻。

"上山问樵，下水问渔"

上山寻路要请教樵夫，到水里去探深浅得请教渔夫。比喻要弄清情况，必须去向内行和知情的人学习请教。

"己不正，焉能正人"

焉：怎么。自己的行为不端正，怎么能去要求别人的行为端正呢？比喻身教重于言教。

"己所不欲，勿施于人"

欲：想，希望。自己不喜欢的，不要强加给别人。

"女子无才便是德"
"女子无才便是福"

旧时代衡量妇女德行的一种社会标准。这一标准提倡妇女一切顺从，无须具有学识才干。

"马看牙板，人看言行"

喻指衡量事物的价值和人的好坏，要看事物的特征和人的言行举止。

"马行千里，无人不能自往"

马行千里要靠人的驾驭。比喻能力强的人，没有他人的帮助，也难成就大的事业。

"马善被人骑，人善被人欺"

"马善得人骑，人善得人欺"

比喻忠厚老实的人容易被人欺侮。多用来鼓励人要有斗争勇气，不宜太老实；也用来表示自己不能让人欺侮。

"天地为大，亲师为尊"

在一切事物中，天和地是最伟大的，双亲和老师则是最应该受到尊敬的。

"天下兴亡，匹夫有责"

匹夫：一个人，泛指普通老百姓。比喻国家的兴盛与衰败这样的大事，每一个老百姓都有责任。

"天下无难事，只怕有心人"

有心人：指专心致志、勤于动脑的人。天下的任何困难事情只要用心去克服，没有解决不了的。

"天不怕，地不怕，老虎屁股也敢摸一下"

指人要敢冲敢闯，无所畏惧。

"天不言自高，地不语自厚"

喻指知识渊博、能力高强的人要谦虚谨慎，不要自我炫耀。

"天上下雨地下滑，各自跌倒各自爬"

"天上下雨地下滑，自己跌倒自己爬"

喻指面对困难或遭遇挫折，要靠自己振作起来，不要去指望别人。

"天凭日月，人凭良心"

良心：指内心对是非、善恶的正确认识。提醒人们为人处事要凭着良心做事。

"无巧不成书"

形容事情非常凑巧。

"无事不登三宝殿"

三宝殿：泛指佛殿，此处指有所求的地方。比喻没有事就不会去登门拜访。

"不怕人穷，就怕志短"

意指人穷没有什么可怕的，真正可怕的则是人没有志气。

"不怕人不敬，就怕己不正"

意思是说，要想得到别人的尊敬，就必须保证自己的言行端正。

"不怕人老，就怕心老"

"不怕身老，只怕心老"

"不怕人老，单怕心老"

年龄大没有什么值得可怕的，真正可怕的是人心态变老，丧失信心和意志。

"不到长城非好汉"

比喻做事要有坚定的信念，绝不半途而废。

"不到黄河心不死"

比喻做事要有坚定的信心，不达目的决不罢休。

"不能正己，焉能正人"

正己：端正自己的言行；焉：怎么。指自己不端正自己的思想、言行，又怎么能去教育别人呢？

"不入虎穴，焉得虎子"

焉：怎么。不进虎洞，怎么能捉到小老虎。比喻不担风险，就不可能取得成功。现也用来比喻不大胆实践，就不能认识事物，就不能得到成果。

"不是强龙不过江"

比喻没有高强的本领，就不敢闯难关。

"不做亏心事，不怕鬼叫门"

"不做亏心事，哪怕鬼敲门"

意指只要心正行端，就无所畏惧。

"不听老人言，知识不周全"

"不听老人言，吃亏在眼前"

指如果不虚心听取老人的正确教导，就不能丰富自己的知识和经验，就可能在工作和生活中走弯路。

"不行万里途，哪来铁脚板"

"不走万里路，哪有铁脚板"

只有经过长时间的艰苦奋斗，才能造就过硬的本领。

"不自满者受益，不自是者博闻"

只有在学习知识方面不自满不自以为是的人，才能虚心接受他人的意见和建议，使自己增长知识。

"不受苦中苦，难为人上人"

意指人要经过艰苦的磨炼，才能出人头地。

"不琢磨不成大器"

琢磨：雕刻和打磨玉石之类的作业。意指人不经过艰苦磨炼，难以成就大业。

"不怕无能，只怕无恒"

"不怕人无能，只怕人无恒"

恒：恒心，长久不变的意志。意指人能力虽小，只要持之以恒，再难办的事也能完成。

"不怕事难，就怕志短"

困难是没有什么值得可怕的，真正可怕的是没有战胜困难的意志。

"不怕事难办，就怕心不专"

困难并不可怕，可怕的是没有专心致志完成的意志。

"不怕一万，就怕万一"

事物变化往往有其普遍性和特殊性的两个方面。这里告诫人们要预防特殊情况的发生。

"不以规矩，不能成方圆"

规：木匠用以画圆形的工具；矩：木匠用以画方形的直尺。喻指做事不循规蹈矩就难以取得成功。

"不敲背后鼓，要打当面锣"

意指办事要光明正大，不要在背后议论他人的长短。

"不怕起点低，就怕不到底"

起点低并不重要，重要的是打好基础，一步一步地坚持到底。

"不义之财不中发"

提醒人们发家致富要走光明正道，切忌谋取不正当的钱财。

"不可一日近小人"

意指劝诫人们，不要和品德低劣、行为不端的人亲近，以免受他们的不良影响。

"少壮不努力，老大徒伤悲"

"少年不努力，老大徒伤悲"

老大：年老；徒：空。意指年轻时不努力奋斗，有所作为，到了老年再悲伤也没用了。

"少无志气，老无出息"

"少时没志气，到老没出息"

意指少年时没有志气，到老时也难成大事。

"从善如流，疾恶如仇"

从：接受；疾：痛恨；恶：坏人坏事。喻指善意的规劝要像流水通过那样快速接受；杜绝坏人坏事要像消灭仇敌那样坚决。

"从小看大，三岁看老"

从一个人幼年时的言行中，可以判断他成人后的表现。

"从善如登，从恶如崩"

登：从低往高；崩：倒塌。喻指学好的行为就像爬山那样要一步一步地慢慢养成，而不良行为的养成则像山崩地裂那样迅速。比喻学坏容易学好难。

"从来好事天生俭，自古瓜儿苦后甜"

从来都是天降好事的时候很少，自古以来瓜儿总是先苦后甜。形容做什么事情都不是轻而易举的，必须经过波折，付出辛勤的努力，之后才能成功。

"公而忘私，国而忘家"

为了公事而忘了私事，为了国事而忘了家事。形容一心一意为公，不考虑自己的私利。

"文臣不爱钱，武臣不惜死"

做文官的不能贪图钱财，做武官的要不惜流血牺牲。

"文章千卷富，命运一时通"

博览群书刻苦学习知识，就有了发家致富的本领，造就一生的好命运。

"火要空心，人要忠心"

比喻做人要忠诚老实。

"为人重晚节，行文看结穴"

晚节：晚年的节操；结穴：事物结尾的重点。提醒人们要注重保持晚年的节操。

"为臣尽忠，为子尽孝"

旧时的观念认为，做臣子的要无条件的忠于君王，做儿女的要全心全意孝敬父母。

"心病还须心药医"

思想上的毛病，还得用解决思想问题的办法去解决。

"心底无私天地宽"

比喻一个人没有私心杂念，就有巨大的胸怀，大有作为。

"以小人之心，度君子之腹"

告诫人们不要用狭隘的心态去衡量胸怀高尚的人的心思。

"书山有路勤为径，学海无涯苦作舟"

径：道路。勤奋是读书的道路，刻苦是学习的船舟。

"书到用时方恨少"

在真正应用时感觉知识缺乏，才知道悔恨读书太少。提醒人们平时要多读书，不断增长才干。

"书本不常翻，犹如一块砖"

有书不读便不能发挥书本的作用，就像一块砖摆在那里一点用都没有。

"书读百遍，其义自见"

多读几遍书，就能明白其中的含义。

"书无百日工"

意指练习书法要经过长时间刻苦练习才能取得成绩。

"去粗取精，去伪存真"

除去杂质，留取精华；排除虚假，保留真实。

"世上无难事，只怕有心人"

只要下决心去做，世界上任何困难都可以克服。

"世上无难事，只要肯攀登"

只要像登山那样步步向上，就没有克服不了的困难。

"龙多不治水，鸡多不下蛋"

比喻人浮于事，互相推诿，反而什么事都干不好。

"龙多主旱，人多主乱"

比喻人多嘴杂，难以统一行动，很难完成任务。

"龙交龙，凤交凤，老鼠的朋友会打洞"

比喻物以类聚，人以群分。也比喻什么样的人就和什么样的人交朋友。

"只要功夫深，铁杵磨成针"
"只要功夫深，铁杵磨成绣花针"

杵：指细长的铁棒。比喻只要舍得有决心，肯下功夫，就没有办不成的事。

"只要善于钻，行行出状元"

状元：科举时代殿试的第一名。比喻只要善于钻研，各行各业都能出现杰出的人物。

"只见树木，不见森林"

喻指看问题只看到了局部，没有看到整体。

"只知其一，不知其二"

指只知道一方面情况，不知道另一方面情况。形容对事物了解不全面。

"只因览胜探奇，不顾山遥水远"

览胜：游览名胜古迹；探奇：寻找奇景。为了游览名胜和美景，可以不惜跋山涉水和路途遥远的艰难困苦。比喻要达到美好的境界，必须付出艰苦的努力。

"只说獐过鹿过，可不说麂过"

麂：鹿类小动物，谐"己"。比喻只讲别人的过失，而对自己的过错却只字不提。

"只有国富民强，才能国泰民安"

国富民强是国家经济建设的必然状态，它是中华民族梦寐以求的美好夙愿，也是国家繁荣昌盛，人民幸福安康的重要保证。

"央人不如央己"

央：求。央求别人不如央求自己。提醒人们自己的事，不要去依赖别人。

"四体不勤，五谷不分"

四体：指人的四肢；勤：指劳动；五谷：指稻、麦、黍、稷、菽。喻指人不经历农业劳动，就分不清什么是五谷杂粮。

"白日莫闲过，青春不再来"

要充分利用每一天的时间，不能白白虚度；青春的时光一旦荒废，就不可能再来。

"用人不疑，疑人不用"

疑：怀疑。形容既已任用，就应该充分相信，大胆放手。

"鸟之将死，其鸣也哀；人之将死，其言也善"

鸟快要死的时候，鸣叫的声音是悲哀的；人快要死的时候，说出的话是善良的。

"宁亏自己，勿亏他人"

亏：受损失。宁愿自己受损失，也不能让别人受损失。比喻在为人处事时，要多考虑别人。

"宁可直中取，不向曲中求"

直：正道；曲：弯曲。比喻宁愿正当地求取，决不卑屈地苟活。

"宁可清贫，不可浊富"

浊：混乱。比喻宁愿过贫苦的日子，也不能通过歪门邪道的方式去发家致富。

"宁做泥里藕，不做水上萍"

做人要像莲藕那样清白、稳重，切不可像水面上的浮萍那样随水浪飘荡。

"宁为玉碎，不为瓦全"

玉：贵重的玉石；瓦：盖房用的瓦块。宁愿做被打碎的玉石，也不愿做不值钱的完整瓦块。比喻宁愿为正义而死，也不可为屈辱苟活。

"宁舍寸金，不舍光阴"

"宁舍一寸金，不舍寸光阴"

光阴：指时间。意指时间非常珍贵，提醒人们要珍惜时间。

"宁可人负我，不可我负人"

"宁可负我，不可负人"

负：亏欠。宁愿别人亏欠自己，也不能做亏欠别人的事。

"宁可受苦，不叫脸皮羞"

"宁可身骨苦，不叫脸皮羞"

"宁可身骨苦，不叫面皮羞"

宁愿自己受苦受罪，也不能丢脸面失尊严。

"宁愿站着死，不愿跪着生"

"宁可站着死，决不跪着生"

宁愿正大光明地站着死去，也不愿忍辱求生。比喻做人要有骨气。

"宁救百只羊，不救一只狼"

提醒人们多做好事，搭救的好人越多越好，而对坏人则不能怜悯。

"宁喝朋友的开水，不吃敌人的蜜糖"

比喻要分清敌友，爱憎分明。朋友不值钱的东西也要珍惜，敌人再好的东西也不要收受。

"宁为太平犬，莫做乱离人"

乱离：指因战乱而流离失所。意指宁做和平时期的狗，也不做战乱时期流离失所的人。

"宁可信其战，不可信可其和"

意指对敌人要提高警惕，随时准备应战，切忌被敌人花言巧语所蒙蔽。

"宁做战时鬼，不做亡国奴"

提醒人们在保家卫国时要英勇战斗，不怕牺牲，切不可苟且偷生做亡国奴。

"宁可信其有，不可信其无"

宁愿相信某事确实发生，或某物确实存在，也不愿意相信没有。比喻做事要有充分准备，防止意外发生。

"宁吃鲜桃一口，不吃烂杏一筐"

比喻挑选东西要注重质量，切忌滥竽充数。

"百炼成钢"

钢是经过很多次锤炼才形成的。这里指人要经历众多的艰苦磨炼，意志才会变得坚强。

"百尺竿头，更进一步"

比喻即使有了极高的学问和成就，也要继续努力，不断前进。

"有福同享，有难同当"

幸福共同分享，灾祸共同分担。意指患难与共，同心协力。

"有志者事竟成"

竟：终于。意志坚定的人做事能坚持不懈，最终一定会成功。

"有则改之，无则加勉"

加：加以；勉：勉励。有错误就改正，没错误就加以自勉。多指虚心听取别人意见。

"有过之而无不及"

两者相比，只有超过的地方，没有比不上的地方。

"当断不断，必受其乱"

"当断不断，反受其乱"

办事犹豫不决，反遭受祸害牵累。

"当面鼓，对面锣"

比喻面对面地商谈。

"早知今日，何必当初"

"早知今日，悔不当初"

早知道今天的后果，悔恨从前的失误。有悔恨已晚之意。

"吃一堑，长一智"

堑：隔断交通的沟，这里指挫折。在工作和生活中经过一次挫折之后，往往会从失败的教训中吸取经验，增长自己的才智。

"吃亏人常在，刁钻不到头"

刁钻：指奸诈、狡猾。比喻人们会长久记住吃亏人的高尚，而社会中的狡猾奸诈行为，则随时都会遭到人们的痛恨。

"吃过黄连的人不怕苦"

黄连：一种味道极苦的中药。吃过味道极苦的黄连，就不害怕没有黄连苦的口味。比喻经受大苦大难磨炼的人不怕吃苦耐劳。

"吃水不忘掘井人"

比喻不能忘恩负义。过好日子时不能忘记给我们创造幸福的人。

"先天下之忧而忧，后天下之乐而乐"

在天下人忧虑之前就忧虑，在天下人享乐之后才享乐。

"自己一身毛茸茸，莫说别人是妖精"

"自个满身是猴毛，莫说别人是妖怪"

茸茸：本是指又短又软的草、毛发，这里指有问题。自己身上有那么多的问题，就不要去指责别人的不足之处。

"自爱然后人爱，自敬然后人敬"

意思是说，做人只有自己首先做到自尊自爱，才能得到他人的尊敬和爱戴。

"自古英雄出少年"

喻指英雄的才能和品质往往是从小逐渐养成的，社会上的杰出人物大多数是在青年时代就涌现出来的。

"自古痴人多厚福"

痴：傻，愚笨。愚笨的人往往因其憨厚容易得到别人的同情和信任，所以他们往往有福气。

"自己的梦自己圆"

意指自己的问题和事情要靠自己去解决。

"行如风，立如松，坐如钟，卧如弓"

告诫人们走、坐、站、卧都要注意保持良好的姿势，以免损伤身体。

"行不更名，坐不改姓"

形容为人处事光明磊落。

"杀人偿命，欠债还钱"

杀人者要抵命，欠债者要还钱，两者俱是一理。

"众人拾柴火焰高"

比喻人多力量大。

"众怒难犯，专欲难成"

专欲：指一个人的欲望。众人的愤怒不可触犯，一个人的欲望难以一意孤行而达到。表示不能违背多数人的意志。

"冰冻三尺，非一日之寒"
比喻某一事物或问题的形成是经过长期酝酿、积累的结果。

"江山易改，本性难移"
山河自然的面貌比较容易改变，而人的本性则是难以改变的。

"好汉做事好汉当"
比喻做事要敢作敢当，不推卸责任。

"好汉千里客，万里去传名"
好男儿应志在千里，干一番事业，扬名天下。

"好汉不打有理人"
好男儿不欺负有理有节的人。

"好汉不赶乏兔儿"
乏：疲劳。提醒强者不要欺负弱者。

"好马不吃回头草，好汉不买后悔药"
比喻有志气的人只要拿定主意，就不要犹豫，坚定不移地奋斗到底。

"好马不怕路不平"
本领高强的人决不畏惧前进道路上的艰难险阻。

"好马不停蹄，好牛不停犁"
比喻本领高强的人在前进的道路上总是不断向前，永不止步。

"好儿不争家产，好女不争嫁衣"
有本事的儿女深知自力更生的重要，儿子不争家产，女儿不争嫁妆。

"孝为品行先"
意指孝顺是道德品行中最重要的内容。

"孝为德之本，百善孝为先"

孝：报答父母的养育之恩，一般表现是孝顺、孝敬等。孝是中华民族道德品质的根本，在各种善事中孝是第一位的。

"花美靠颜色，人美靠美德"

"花美美在颜色，人好好在品德"

比喻鲜花的美靠的是外表的颜色，而人的美则是藏在内心中的品德。

"花开花谢年年有，人老何曾再少年"

"花有重开日，人无再少年"

鲜花每年都要开放、凋谢，人老了则永远不可能重回少年时代。提醒青少年要珍惜时光。

"花美在外边，人美在心里"

"花美在外，人美在心"

意指鲜花的美显露在外表，而人的美则藏在内心。

"求人不如求己"

遇事央求别人，不如自己努力解决。

"来而不往非礼也"

礼：指社会规范和道德规范。只有来没有往是不合乎礼仪的。现多用以表示对别人的行为要有相应的反应。

"时光似箭，日月如梭"

梭：织布时牵线的工具，来往穿线，运动很快。形容时光飞逝。提醒人们珍惜时光。

"男人无刚，不如粗糠"

指男人没有骨气，就难有作为。

"男儿有泪不轻弹"

有志的男子都很坚强，决不轻易落泪。

"男人没性，寸铁无钢；女人没性，烂如麻糖"

性：指性格。提醒人们要养成英勇、刚强的性格。

"男人里边有英雄，女人堆里有魁首"

魁首：指在同辈人中才华居首位的人。比喻在各类人群中都有杰出的人物。

"男儿膝下有黄金"

指男子汉不要轻易下跪。男子汉应顶天立地，不管是在生活还是工作中的原则问题都不要轻易妥协。

"男女授受不亲"

授受不亲：不亲手递接物件。此为旧时男女社交的戒规。

"男不与女斗"

男的不和女的争斗。旧时轻视妇女，认为男人与女人争斗有失身份。

"听其言而观其行"

听了一个人的言语，还要观察他的行为。

"秀才不出门，便知天下事"

秀才：科考时代乡试的录取者，今指文化水平较高的人。意为读书多知识丰富的人，待在家里也能通晓天下大事。

"兵来将挡，水来土掩"

比喻按对方的具体情况针锋相对，采取相应的对策。

"身正不怕影子斜"

"身正不怕影子斜，脚正不怕影子歪"

比喻只要为人光明正大，就不怕别人说长道短。

"近水知鱼性，近山识鸟音"

"近山识鸟性，近水知鱼性"

比喻实践出真知。要认识事物必须亲自接触，近距离观察，才能弄清它的本质。

"近朱者赤，近墨者黑"

靠近朱砂易染成红色，靠近墨汁就会变黑。比喻人会因环境的影响而改变习性。

"近水楼台先得月"

水边的楼台先得到月光。比喻接近某些人或事物而抢先得到某种利益或便利。

"言必有信，信必有果"
"言必信，信必果"

信：守信用；果：坚决。提醒人们说话要讲信用；在完成计划时要坚决彻底，绝不马虎凑合。

"言者无罪，闻者足戒"

足：足够；戒：警惕。提意见的人说出不符合事实的问题，也没有罪过；听取意见的人即使没有这方面的问题，仍可将其作为反面教材从中引以为戒。

"言教不如身教"

比喻用行动来示范比讲道理教育人作用更大。

"言过其实，不可大用"

指说过头话的人往往脱离实际，不宜重用。

"没有买卖，就没有杀害"

提醒人们保护稀有动物和有益动物。

"识时务者为俊杰"

时务：指当前形势或时代潮流。比喻能认清形势或潮流的人，方可为英雄豪杰。

"君子爱人以德"

意为按照道德标准去爱护人。

"君子一言，驷马难追"

君子说话讲信用，绝不反悔，就像四匹骏马拉着车跑出去一样不可返回。比喻讲信用的人说话算数。

"君子成人之美，不成人之恶"

道德高尚的人只成全别人的好事，绝不做破坏别人的事。

"君子不强人所难"

喻指道德高尚的人不强迫别人做为难的事。

"君子不夺人所好"

道德高尚的人不夺取别人喜爱的东西。

"君子责人先责己"

告诫人们责备别人时首先要责备自己。

"君子以自强不息"

有理想有抱负的人应该效法天地努力奋斗，永远前进。

"取人之长，补己之短"

吸取别人的长处，弥补自己的短处。

"取其精华，去其糟粕"

糟粕：指酿酒、磨米剩下来的渣滓，比喻事物中粗劣无用的东西。意指吸取事物中的好东西，摒弃其中坏的和无用的东西。

"到什么山上唱什么歌"

比喻说话做事符合实际情况，因地制宜。

"国家兴亡，匹夫有责"

匹夫：指普通的百姓。国家的兴旺发达与衰败没落，同每一个老百姓都息息相关。

"忠臣不事二君，烈女不更二夫"

忠君之臣不降敌，节烈的女子不改嫁。

"知足者常乐"

能满足的人总是心情愉快的。

"知足的人心常乐，贪婪的人苦恼多"

知道满足的人总是心情愉快，贪心不足的人则总是被烦恼缠身。

"知理不怪人，怪人不知理"

知书达礼的人不责怪他人，而责怪他人的人则往往不明事理。

"知者不言，言者不知"

知书达礼的人不随便说话，随便说话的人没有真知灼见。

"知足者常乐，能忍者安"

知道满足的人总是心情愉快，遇事忍让的人，内心平静自然。

"知过改过不为过，重搭台子重敲锣"

知错就改，吸取教训后一样仍然可以取得好的成绩。

"知子莫如父，知臣莫如君"

最了解儿女的是父亲，最了解臣子的是君王。

"知无不言，言无不尽"

凡是知道的事无不说出，要说就毫无保留。

"知之为知之，不知为不知"

知道就说知道，不知道就说不知道。指老老实实不虚假。

"知足不辱，知止不殆"

殆：危险。知道满足就不会去贪得无厌而受到羞辱，知道适可而止就不会因追求不止而遭遇危险。

"知人知面不知心"

能看到人的表面，却不能洞察人的内心。比喻难于识人。

"知其一，不知其二"

对事物的了解只是一个方面，而不知事物的其他方面。

"知恩不报非君子，千秋万代落骂名"

提醒人们要知道报恩，否则会遭人唾骂。

"知恩不报恩，枉为世上人"

枉：白白地。受过恩惠而不去报答，等于白白地活了一辈子。

"舍得一身剐，敢把皇帝拉下马"

剐：古代一种残酷的死刑。形容只要舍得一死，再难的事也敢去干。现比喻不畏强暴，不怕牺牲的大无畏精神。

"放下屠刀，立地成佛"

本为佛教用语，即停止作恶，立成正果。后发展成为劝导作恶之人停止作恶。

"放长线，钓大鱼"

比喻做事从长远打算，虽然不能立刻收效，但将来能得到更大的好处。

"放之四海而皆准"

放：放置；四海：全中国或全世界；准：准确。形容具有普遍性的真理，无论放在什么地方都适用。

"学如逆水行舟，不进则退"

比喻学习就像逆水行船，不前进就要倒退。提醒人们学习要持之以恒。

"学问学问，边学边问"

学习中既要自己读书，还要向有学问的人请教，才能达到好的效果。

"学而不厌，诲人不倦"

厌：满足；诲：教诲。努力学习而不觉满足，教诲别人而不知疲倦。

"诚实守信光荣，见利忘义可耻"

义：道义。诚实守信是人类社会千百年传承下来的道德传统，也是当今社会道德建设的重要内容，它强调诚实劳动、信守承诺，诚恳待人，看到有利可图就忘掉道义是可耻的。

"经一事，长一智"

比喻亲身经历了一件事，就增长了一分智慧。

"南山可移，判不可摇"

南山：终南山；判：裁决。比喻即使南山可以移动，案件的判决绝不能更改。

"要受人尊敬，首先尊重人"

比喻只有首先尊敬别人，别人才会尊重你。

"要防福中变，常在苦中练"

要防止由富裕变为贫困，就必须在日常生活中永远保持艰苦奋斗的精神。

"要想吃蜜，别怕蜂叮"

喻指要想干成事情，就不能怕这怕那。

"要想正人，得先正己"

要求别人的行为端正，得首先自己端正。说明个人的榜样作用非常重要。

"牵动一发而动全身"

比喻改动一个极小的部分就会影响全局。

"虽死之日，犹生之年"

人已死去，精神不灭，仍然同活着时一样。

"种瓜得瓜，种豆得豆"

原为佛教语，表示事物发展的结果来自开始的原因，有其因，必有其果。

"重义如泰山，轻利如鸿毛"

泰山：在山东省东部，五岳中的东岳，这里是比喻重大的事物。提醒人们要重义忘利，把仁义看得像泰山那样高大，把名利看得像鸿毛那样渺小。

"重赏之下，必有勇夫"

比喻重金悬赏，一定会有勇于去做事的人。

"顺德者吉，逆天者凶"

顺：依顺；德：德行；吉：吉祥；逆：违背；凶：凶祸。符合道德的就可以得到吉利，违背自然规律的将遇到凶祸。

"顺德者昌，逆德者亡"

符合道德的就可以昌盛，违背道德的就要遭到毁灭。

"顺人者昌，逆人者亡"

顺应民意的就能兴旺，违背民意的定要衰亡。

"皇天无亲，惟德是辅"

皇天：指上天；辅：辅助。老天爷公正无私，总是帮助品德高尚的人。

"皇天不负有心人"

负：亏欠。老天爷绝不会去辜负真心诚意的人的意愿。

"胜不骄，败不馁"

馁：丧失勇气。胜利了不骄傲，失败了不丧失勇气。

"胜败乃兵家常事"

胜利和失败都是带兵打仗的人经常碰到的事情。

"前事不忘，后事之师"

比喻吸取前人的经验教训，可以作为以后做事的鉴戒。

"前人栽树，后人乘凉"

比喻前人为后人造福。

"前人失脚，后人把滑"

比喻吸取前人失败的教训，后人可以引为教训，即可避免出现同类问题的发生。

"逆水行舟，不进则退"

逆着水流行船，不努力向前推进，就会被水冲着后退。比喻学习或做事一定要克服困难，努力向前。

"活到老，学到老"

比喻一生虚心好学，永不满足。

"说一是一，说二是二"

说到做到，言行一致。

"起死人而肉白骨"

使死人复活，使白骨生肉。比喻拯救生命的大恩大德。

"恭敬不如从命"

恭敬：端庄而有礼貌。恭敬谦逊不如听从命令。

"莫道人短，莫说己长"

不要议论别人的短处，也不要炫耀自己的长处。

"莫做墙头草，风来两边倒"

不能像墙头草那样随风摆动。提醒人们在大是大非面前要坚定，旗帜鲜明。

"莫饮过量酒，莫贪意外财"

饮酒不要超过自己的酒量，决不能贪图不义之财。

"真人不露相，露相非真人"

有本事的人往往都谦虚谨慎，不轻易地炫耀自己；喜欢自吹自擂的人，大多没有什么真的本事。

"真金不怕火炼"

"真金不怕火来烧"

比喻正确的事物经得住考验。

"桃李不言，下自成蹊"

蹊：小路。桃李不会说话，但因其花艳果美，故众人争着赴之，时间久了，树下自然会走出路来。后比喻为人真诚，能感动他人。也比喻注重事实，不尚虚声。

"逢山开路，遇水叠桥"

逢：遇见。遇到山则打通道路，遇见水则架起桥梁。比喻不畏艰难，打通前进道路上的重重障碍。

"饿死事小，失节事大"

旧指女子应该守贞节，后泛指宁可死去也不能丧失节操。

"高山仰止，景行行止"

高山：比喻高尚的德行；止：通"之"；景行：大路，比喻行为正大光明。仰望着高山，效法着大德。表示对德高望重之人的敬仰。

"兼听则明，偏听则暗"

明：明辨是非；暗：糊涂。指要同时听取多方面意见，才能明辨是非；只听信单方面意见，就会犯错误。

"浪子回头金不换"

浪子：指不务正业、游手好闲的青年人。不干正事的人改邪归正，比金子还宝贵。也指做了坏事的人改过自新就是可贵的。

"家不严招贼，人不严招险"

家庭防备不严，盗贼会乘虚而入；人不细心谨慎，容易遭遇危险。

"家有家规，国有国法"

家庭有家庭的规矩，国家有国家的法律。提醒人们要有法纪观念，时时注意遵纪守法。

"宰相肚里能撑船"

宰相：中国古代辅助君王掌管国事的最高官员。比喻人的度量大，能体谅容忍他人。

"能担一百斤，不挑九十九"

"能担一千斤，不挑九百九"

提醒人们做事要竭尽全力，充分发挥自己的才能。

"能担三分险，练就一身胆"

只要经历过多次的风险磨炼，就能造就一身胆识。

"能者多智，智者多忧"

能力强的人在实践中增强了智慧，智慧多的人考虑问题周全，当然忧愁也多。

"能人背后有能人"

意为有才能的人很多。提醒人们有成就时要谦虚谨慎，严防骄傲自满。

"能受天磨真铁汉，不遭人嫉是庸才"

庸才：能力低的人。经受大风大浪磨炼的人，才是百折不挠的硬汉，而没有人嫉妒的人往往是能力低的庸才。

"能者多劳，智者多虑"

能力强的人做事多、贡献大；聪明人思考的问题多，忧心重。

"能成虎的成虎，能成凤的成凤"

比喻人尽其才，物尽其用。

"教不严，师之惰"

出自《三字经》。指对学生管教不严格是老师的懒惰和不负责任的表现。

"教人教心，浇花浇根"

比喻教育人要重在思想教育。

"黄金不为贵，道德值千金"

道德：人们共同生活及其行为的准则和规范。意指道德十分重要，人人都应遵守执行。

"黄钟毁弃，瓦釜雷鸣"

黄钟：中国古代音韵十二律之一，声调洪亮；瓦釜：泥土烧成的锅，可用作乐器，声调最为低沉。比喻贤能的人不受重用，而庸才却居高位。

"救人一命，胜造七级浮屠"

胜：超过；浮屠：佛塔。挽救他人的性命，胜过为寺院建造一座七层的佛塔。形容救人功德无量。

"得道多助，失道寡助"

道：指正义；寡：少。比喻站在正义方面就能得到多方面的支持和帮助，违背正义则必然陷于孤立。

"得人者昌，失人者亡"

得人心的必然兴盛，失人心的必致灭亡。

"得饶人处且饶人"

得：指能够。有能够原谅人的地方，还是原谅别人为好。指做事不能做绝，要留有余地。

"船头坐得稳，不怕浪来颠"

"船头坐得稳，不怕浪头高"

"船头坐得稳，不怕浪头大"

比喻意志坚定、百折不挠就能战胜前进中的重重困难。

"船到桥头自然直"

比喻事先不必多虑，到时候自有解决办法。

"毫不利己，专门利人"

从不考虑怎样对自己有利，却一心一意做有利于他人的事情。

"清如水，明如镜"

比喻为官清正廉明，办事公道。

"朝闻道，夕死可矣"

语自《论语·里仁》："子曰：'朝闻道，夕死可矣'。"早晨得知真理，当晚死去都可以。比喻为达到真理的目标或实现某一愿望，宁可牺牲自己的生命。

"善有善报，恶有恶报"

报：报答。比喻做好事和做坏事到头来都会有报应。

"道不拾遗，夜不闭户"

丢在路上的东西没有人拾为己有，晚上不关门也没有盗贼偷盗。比喻社会风气和道德风尚高。

"禄无常家，福无定门"

禄：福。比喻福禄没有不变的定数。

"强不犯弱，众不暴寡"

犯：侵犯；暴：损害。比喻强大的不欺负弱小的，人多的不要欺负人少的。

"强中更有强中手"

强者之中还有更强的。形容技艺或谋略等没有止境，提醒人们要谦虚谨慎。

"蓬生麻中，不扶自直"

蓬草生活在大麻中间，不用扶持，自然挺直。比喻良好的环境能对人产生积极的影响。

"路见不平，拔刀相助"

遇见不合情理的事鼎力相助。

"路遥知马力，事久见人心"

路途遥远，才知道马的力气的大小；经历的事情多了，才可以识别人心的好坏。

"满招损，谦受益"

骄傲自满招致损失，谦逊虚心得到益处。

"福兮祸所伏，祸兮福所倚"

伏：隐藏；倚：倚靠。比喻福祸互为因果，可以相互转化，形容坏事可以变为好事，好事也可能变成坏事。

"鞍不离马，甲不离身"

甲：铠甲，古人打仗时穿的护身衣。马不卸鞍，人不解甲。表示始终处于高度警惕的状态。

"鞠躬尽瘁，死而后已"

鞠躬：弯着身子；瘁：劳累；已：停止。勤勤恳恳，竭尽全力去工作，一直到死为止。

人情世故篇

"一行服一行，糯米服砂糖"

"一行服一行，豆腐服米汤"

行：行业。许多事物之间有相互联系的因果关系，它们相互依赖，相互制约。

"一为万之本，万事由一起"

一是万的开头，万又是许多个一的组合。它们之间是个体与整体之间相互依存的关系。

"一树果子有酸甜，十个指头有长短"

"一林竹子有深浅，十个指头有长短"

比喻事物有各自的特性。

"一手捉不住两条鱼，一眼看不清两行书"

提醒人们做事要专心，不能一心二用。

"一个钉子一个眼，一个萝卜一个坑"

比喻一个人有一个人的位置，没有多余的。也形容做事踏实。

"一物降一物"

某种事物专门制服另一事物，或者某种事物专门有另一种事物来制服。

"一人修路，万人安步"

一个人把路修好了，众人平稳地行走。比喻前人为后人做出了巨大的贡献。

"一条泥鳅翻不起大浪"

"一条泥鳅掀不起大浪"

比喻没本事的小人物搞点小动作无济于事，对整体不会造成大的影响。

"一木不成林，一花不成春"

木：树木。一棵树成不了森林，一朵花不能说是春天。喻指个人的力量有限，办不了大事。

"一句话能逗人笑，一句话能惹人跳"

听了一句好话会让人高兴，听了句不中听的话会让人生气发火。提醒人们说话要讲究方式。

"一个鼻孔出气"

比喻立场、观点、主张和别人完全一致。多用于贬义。

"一波未平，一波又起"

波：波浪。比喻事情在进行中波折很多，一个问题没有解决，另一个问题又发生了。

"一棒一条痕"

比喻做事扎实或说话切中要害。

"一百二十行"

与三百六十行同义，泛指各行各业。

"一步一个脚印"

比喻做事踏实、稳妥。

"一朝天子一朝臣"

朝：朝廷；天子：皇帝。原指新的帝王登基后，旧的臣僚被新的臣僚所代替。后也泛指领导人更换，下属也跟着更换。有贬义。

"一粒老鼠屎，搞坏一锅粥"

"一粒耗子屎，坏了一锅汤"

比喻一个不好的人，会连累所有人。

"一佛出世，二佛升天"

出世：佛教称出生为出世；升天：佛教用语，死去的代称。意指死去活来。

"一个巴掌拍不响"

比喻单方面闹不起事来或某个事情的发生不是单方面引起的。

"一虎难敌众犬"

比喻弱者只要团结起来就能制服强敌。

"一客不烦二主"

"一客不烦两家"

烦：麻烦。由一个人独立承担或由一个人始终完成其事，不麻烦其他人。

"一文钱难倒英雄汉"

"一文钱逼死英雄汉"

比喻金钱的作用很重要，没有钱英雄豪杰也将走投无路。

"一蟹不如一蟹"

蟹：螃蟹。比喻一个比一个差。

"一落叶知天下秋"

看见一片落叶，就知道秋天将要来了。

"一则以喜，一则以惧"

一方面因此而高兴，另一方面因此而害怕。

"一言以蔽之"

指用一句话来概括。

"一言九鼎，重于泰山"

鼎：古代国家的宝器；泰山：我国著名的高山，在山东省，为五岳之首。形容说的话含义很深，有重大的作用。

"二人同心，其利断金"

二人心齐，力量如同锋利的刀剑，可以切断金属。

"二桃杀三士"

春秋时代，齐景公身边有公孙接、田开疆、古冶子三个臣子。三人都恃功而骄，齐相晏子劝景公除掉三人，设计让景公送去两个桃子，要他们论功取桃，三人互不相让，结果都弃桃自杀。后用此事比喻用阴谋手段杀人。

"二者必居其一"

居：占。只能在两者中选择其中的一种。

"二者不可得兼"

兼：同时。两样东西不可能都得到或两件事情不可能都做到。

"十年树木，百年树人"

树：种植。培植树木需要十年，培养人才需要百年。比喻培养人才是百年大计，也表示培养人才很不容易。

"十年九不遇"

形容事物极难见到。

"十指有长短"

十个手指头有长有短，多用以比喻同出的子女各不相同。

"十日一水，五日一石"

十天画一处水，五天画一块石头。比喻画家作画精心的构思，不随便下笔。

"十五个吊桶打水，七上八下"

"十五个吊桶打水，七零八落"

比喻心情烦躁不安。

"十目所视，十手所指"

十：泛指很多。很多眼睛看到的，很多手指点的。指个人的言行是受到许多人监督的。告诫人们不要做坏事，做了也隐藏不住。

"十万八千里"

形容距离远或差别大。

"十处打锣，九处有他"

形容爱凑热闹。

"八字没一撇"

八字由一撇一捺组成，连一撇还没有。比喻事情还没有眉目。

"八九不离十"

比喻相差不多，非常接近。

"人逢喜事精神爽"

人遇到喜庆的事，心情舒畅。

"人欺不是辱，人怕不是福"

受人欺负并不是耻辱，别人害怕自己也不是福气。

"人之相识，贵在相知"

"人之相识，贵在知心"

人与人之间的认识交往，可贵之处在于互相了解。

"人心隔肚皮"

比喻别人的心思难以了解。

"人生如朝露"

比喻生命的短暂，像早上的露水一般。

"人云亦云"

云：说。人家怎么说，自己也跟着怎么说。形容没有主见。

"人众者胜天"

指聚集众人的力量能战胜大自然。

"人尽其才，物尽其用"

每个人都应该充分发挥自己的才能，每个物体都应该充分发挥其功用。

"人不知鬼不觉"

形容十分诡秘，谁也察觉不到。

"人生七十古来稀"

稀：稀少。人能活到七十岁是自古以来很少见的。

"人不犯我，我不犯人"

犯：侵犯。人家不来侵犯我，我也不会去侵犯人家。

"人遇事不迷，就怕不听劝"

"人在事中迷，就怕没人提"

遇到急事时人的头脑往往不清醒，这时要冷静下来听取他人的意见。

"人老心不老"

人的年纪大了，但仍有年轻时候的雄心壮志。

"人有十不同，花有十样红"

比喻人与人之间、物与物之间各有特点，要区别对待。

"人生难得几次搏"

人生短暂，没有几次拼搏的机会。提醒要抓紧宝贵的时间。

"人和方可亲，家和万事兴"

和：和谐。和谐是中国传统文化的基本理念，它体现了人与人之间互相尊重、互相关心、互相帮助，和睦友好的人际关系，是家庭和睦、地方安宁、百业兴旺、国家强盛的重要保证。

"人穷怪屋基，瓦漏怪桷子稀"

桷子：方形的椽子，是房顶上用以架瓦的木条。比喻遇到问题时不从主观上找原因，总是抱怨别人。

"儿女情长，英雄气短"

儿女：男女。比喻男女之间的恋情绵绵不断，而慷慨奋发的气概消沉不足。

"九牛二虎之力"

比喻很大的力气。

"九层之台，起于累土"

九层高台是从一筐土开始堆积起来的。比喻要成大事，须从基础做起。

"三句话不离本行"

形容同一行业的人聚在一起，一开口总要谈与本行业有关的事。

"三年不窥园"

窥：暗中观察。比喻治学刻苦专心。

"三折肱，为良医"

肱：胳膊。多次折断胳膊，就会悟出治疗的方法，也就成为一个好医生。比喻对某事实践多，经验丰富，造诣就会精深。

"三分像人，七分像鬼"

形容人长相丑陋，也指人遭疾病或其他折磨后不像人的样子。

"三百六十行"

对各行各业的总称。形容行业众多。

"三个臭皮匠，顶个诸葛亮"

"三个臭皮匠，合成一个诸葛亮"

诸葛亮：三国时蜀汉丞相，传说中把他塑造成了智慧的化身。比喻人多智慧多，遇事就会想出办法来。

"三十年河东，三十年河西"

形容世界上事物的变化盛衰无常。

"三个秀才讲书，三个屠夫讲猪"

秀才：明清两代院试录取后称生员为秀才，今泛指读书人。读书人在一起爱议论诗书，屠夫在一起爱议论与猪有关的问题。喻指职业相同的人在一起总是爱谈论与本行业有关的问题。

"工欲善其事，必先利其器"

器：工具。工匠要想做好活，一定先要使工具精良。

"大处着眼，小处着手"

既要用长远的观点去考虑问题，也要从具体的事情上去做好。

"大刀砍乱麻"

比喻办事果断，抓住关键，迅速解决复杂的问题。

"大江东流去"

大江：长江。原指长江向东流去。后用来比喻历史发展的趋势。

"大旱望云霓"

云霓：下雨的征兆。大旱之时渴望下雨，比喻殷切盼望解除困境。

"大势所趋，人心所向"

整个局势发展的趋向是人民内心的愿望。表示顺应民意，无法改变。

"大树底下好乘凉"

比喻有所依靠，好办事情。

"大事不糊涂"

对待大是大非问题，头脑清醒，能坚持原则。

"大开方便之门"

方便之门：佛教称随机度人的法门。借指给人以方便。

"大水冲了龙王庙，一家人不识一家人"

迷信说龙王是管水的神，可是大水却冲毁了龙王的庙宇，比喻自家人伤害自家人。

"大路朝天，各走半边"

形容各干各的，互不相干。

"大哥莫说二哥，比起来都差不多"

比喻两人的情况不相上下，不要互比高低。

"与人方便，与己方便"

给别人行方便，最后对自己也有好处。

"万事俱备，只欠东风"

备：准备。《三国演义》中周瑜定好了火攻曹操的计划，并且做好了一切准备，只差东风还没有刮起来，不能放火。比喻一切都准备好了，就差最后一个重要的条件。

"万变不离其宗"

宗：宗旨、目的。意指形式变化很多，但本质和目的始终没变。

"上梁不正下梁歪"

上梁：喻指上级或长辈；下梁：喻指下级或晚辈。比喻在上面的人行为不正，下边的人也会跟着学坏。

"上天无路，入地无门"

形容走投无路的窘迫处境。

"上无片瓦，下无卓锥之地"

卓：直立。形容一无所有，极端贫穷。

"上不沾天，下不沾地"

比喻上下两头都无着落，或表示漂浮不定。

"上之所好，下必从之"

"上之所好，下必甚焉"

好：喜爱。位高的人喜欢什么，下面的人就一定会跟着做。

"上知天文，下知地理"

形容学问渊博，无所不知。

"上天要价，落地还价"

上天：比喻非常高；落地：比喻非常低。指商界的讨价还价，卖方把售价要得很高，买方则把价钱还得很低。

"口惠而实不至"

惠：恩惠，好处。口头上答应给人好处，实际上却不兑现。

"口子大小总要缝"

衣服上大小破口都得缝补起来。比喻身边的大小问题都要通通解决。

"口是风，笔是踪"

说话像吹风一样很快消失，只有纸上写的字可供追查。

"山雨欲来风满楼"

山雨将要来临之时，风声充满了楼阁。比喻重大事情发生之前的紧张气氛。

"山外有山，天外有天"

比喻另外还有更好的。

"山高皇帝远"

比喻极偏远、王法管不到的地方。

"千部一腔，千人一面"

腔：腔调。一千出戏都是一个腔调，一千个人都是一张面孔。形容公式化、程式化的文艺创作或戏曲表演。

"千里之堤，溃于蚁穴"

千里长堤往往因有一个小小的蚂蚁洞而引起崩溃。比喻小事不注意会酿成大祸。

"千军易得，一将难求"

招募千军万马很容易，寻求一员战将却很难。形容人才难得。

"千里姻缘一线牵"

民间传说两个人结成夫妻是有一定缘分的，由月下老人用一根红线牵连而成。

"千里送鹅毛"

"千里送鹅毛，礼轻情意重"

相传唐朝藩国回纥国曾派使者缅伯高向唐朝皇帝进贡一只天鹅，经过沔阳湖边，不慎让天鹅逃飞，只捡得一根鹅毛。缅伯高只好把这一根鹅毛送给唐朝皇帝，并说"物轻人义重，千里送鹅毛"。比喻礼物虽然微薄，却含有深厚的情谊。

"千夫所指，无病而死"

"千夫所指，无疾而亡"

指：指责。被众人所指责没有什么好下场。

"千夫诺诺，不如一士谔谔"

诺诺：连连答应的样子；谔谔：直言谏争的样子。许多人唯唯诺诺，不如有一个人敢于直言进谏。

"千形一貌，百喙一声"

喙：鸟嘴。形容众口一词或文章模式划一。

"千镒之裘，非一狐之白"

镒：古代计量单位，合二十两，又说合二十四两；白：指狐狸腋下的白毛皮。价值千金的毛皮不是用一只狐狸腋下的白毛皮制成的。比喻治国需要依靠众多贤士的力量。

"千金之子，坐不垂堂"

垂堂："垂"通"陲"，堂边檐下靠阶的地方。家有千金的人不在屋檐下停留，以免被落下的瓦砸着。形容有钱的人非常看重自己的身体。

"千闻不如一见"

闻：听见。听说一千次也不如亲眼见到一次。意思是说听得再多也不如亲眼见到更可靠。

"凡事豫则立，不豫则废"

豫：同"预"。做任何事情，事先有所准备就能成功，否则就会失败。

"弓上弦，刀出鞘"

弦：弓上用以发箭的牛筋绳子；鞘：装刀剑的套子。张弓上弦，刀拔出鞘。形容已做好了战斗的准备。

"王子犯法，庶民同罪"

王子犯了法，和老百姓一样处以惩罚。比喻王法对于所有人都是一样的。

"井水不犯河水"

犯：侵犯，干预。比喻界限分得很清楚，互不干扰。

"井底之蛙，妄自尊大"

妄：非分地，出了常规地。比喻目光短浅的人常常自高自大。

"天若有情天亦老"

老天假如有感情，也会因为悲伤而衰老的。常用以形容强烈的感伤之情。

"天上天下，唯我独尊"

惟：只有；尊：地位或辈分高。原是指佛教释迦牟尼第一次来到人间说的话，后来用以指人目空一切。

"天网恢恢，疏而不漏"

天网：天道之网，指上天的惩罚；恢恢：宽大的样子；疏：稀疏。天道公平，作恶就要受到惩罚，它看起来很稀疏，但决不会放过一个坏人。后用以形容坏人终于受到惩罚。

"天无二日，国无二主"

日：太阳。天上没有两个太阳，一国不能有两个国君。现比喻凡事应统于一。

"天下乌鸦一般黑"

比喻任何地方的剥削者、压迫者都是一样的坏。

"天有不测风云，人有旦夕祸福"

不测：料想不到；旦夕：很短的时间。天气变化是难以预测的，人也有难以预料的灾祸或福气。

"天无绝人之路"

绝：断。形容人处于绝境终能找到出路。

"天下本无事，庸人自扰之"

庸人：平庸的人；自扰：自己扰乱自己。指本来无事而自找麻烦。

"天知地知，你知我知"

除天、地、你、我之外，没有别人知道。

"天字第一号"

旧时对于数目多和种类多的东西，常用"天、地、人"或"天、地、玄、黄"的顺序编号。"天字第一号"就是第一或第一类、第一号。比喻最高的、最大的或最强的。

"天子无戏言"

天子：皇帝。指皇帝讲话要慎重，不说儿戏之类的话。

"无源之水，无本之木"

本：草木的根。没有源头的水，没有根的树。比喻没有基础的事物。

"无面目见江东父老"

比喻做事失败后自愧而无颜面再见故乡的人。

"无官一身轻"

比喻卸掉官职或不当官一身轻松自在。

"无可奈何花落去"

没有办法不让花儿凋落。形容对青春逝去的惋惜。后泛指对已逝的事物的惆怅心情。

"无风不起浪"

比喻事情的发生总是有原因的。

"无毒不丈夫"

旧时认为不心狠手辣就不能成就大事业。

"无谎不成媒"

谎：谎言。旧时媒人说亲，多以谎言来欺骗对方，故称"无谎不成媒"。

"无可无不可"

形容对事物没有一定的主见，这样也好，那样也好。

"五日一风，十日一雨"

形容风调雨顺。

"五十步笑百步"

作战时逃跑五十步的人嘲笑逃跑了一百步的人。后用来比喻跟别人有同样的缺点或错误，只是程度上轻一些，可是却讥笑别人。

"五百年前是一家"
指同姓相称，拉攀关系。比喻上祖本是同一宗族。

"不打不相识"
不经过交手，不会彼此了解。

"不登大雅之堂"
不能进入高雅的场所。形容某些不被人看重的、粗俗低劣的事物。

"不管三七二十一"
"不管三九二十七"
"不问三七二十一"
指不顾一切，不问是非情由。

"不费吹灰之力"
形容事情做起来不费力气，非常容易。

"不分青红皂白"
喻指不分是非，不问情由。

"不敢越雷池一步"
雷池：池名，在安徽省安庆市望江县东南，因水积而成池故名。指不敢逾越一定的范围、界限。

"不能赞一辞"
同不赞一词。指提不出一点意见。形容非常完美。

"不塞不流，不止不行"
比喻不破除旧的，就不能建立新的。

"不到乌江不尽头"
"不到乌江不肯休"

比喻不达目的决不罢休或不到无路可走的境地不肯死心。

"不见棺材不落泪"

比喻不到最后失败决不罢休。

"不得已而求其次"

不得已：无可奈何；求：寻求；次：稍差的。在无可奈何的情况下，只得去寻求稍差一些的东西。

"不看僧面看佛面"

"不念僧面念佛面"

不看和尚的情面也要看菩萨的情面，求情时说的话。形容宽容某人或某事。

"不在其位，不谋其政"

谋：谋划，考虑。不处在某个职位上，就不过问那个职位相关的事情。

"不自由，毋宁死"

毋宁：宁可、宁愿。如果失去自由、主权，宁可死去。

"不识庐山真面目"

庐山：江西省九江市南面的一座山，传说周武王时期的匡俗隐居庐山中，因而得名；真面目：真正的样子。指事物的真相不易弄清楚。比喻认不清事物的真相或本质。

"不是冤家不聚头"

"不是冤家不碰头"

聚头：聚首，会面。形容仇人或不愿意相见的人偏偏相逢，不可回避。

"不食人间烟火"

食：吃；烟火：炊烟。道家谓神仙或修道者不吃熟食。比喻人有出世之意。后也比喻诗画立意高超，不同凡俗。

"不可同日而语"

说明事物相差很大，不能相提并论，不能相互比较。

"不吃羊肉空惹一身膻"

羊肉没吃上，反倒沾上了一身膻气。比喻干了某些事，不但没得到好处，反而惹来不少麻烦。

"不管是牛打死马或是马打死牛"

比喻不管别人说什么干什么，都漠不关心，自己仍然按照自己的意愿行事。

"不求有功、但求无过"

比喻做事平庸保守，有一种怕出岔子的消极思想。

"不知人间有羞耻"

不知世界上还有羞耻之事。常用来比喻厚脸皮，不懂得羞耻。

"太岁头上动土"

太岁：木星；动土：指破土开工。旧时认为太岁之神在地，与天上岁星相应而行，破土开工要避开太岁的方位，否则就会有灾祸。后比喻触犯有权势和强大的对手。

"太公钓鱼，愿者上钩"

太公：周初的姜尚，即姜子牙。比喻心甘情愿上圈套或自愿去做某事。

"匹夫无故获千金，必有非常之祸"

匹夫：普通人；非常：不是一般的。一个普通人拿了不劳而获的大量钱财，一定会招来大的灾祸。

"匹夫斗勇，英雄斗智"

普通人跟别人争斗凭的是勇气，英雄争斗凭的是智谋。

"匹夫不可夺志"

夺：强行剥夺。虽是普通人，也不可强迫他放弃主张。

"匹夫无罪，怀璧其罪"

怀：拥有；璧：古代的一种玉器，扁平，圆形，中间有孔。原指财宝能致祸。后亦比喻有才能、有理想而受害。

"比上不足，比下有余"

比：比较。表示对处于中间状态感到满足。形容甘居中游，不求进取。

"瓦罐不离井上破"

汲水的瓦罐免不了打破在井台上。比喻担着风险干事总有失手的时候。

"止谤莫如修身"

要阻止别人的毁谤，最好的方法是加强自身的道德修养。

"少所见，多所怪"

指见识少的人遇见本来平常的事物也觉得奇怪。

"日出而作，日入而息"

作：干活，做工。太阳升起就起来做工，太阳下山就休息。原指远古时人民的生活方式，后也泛指单纯简朴的生活。

"日中则移，月满则亏"

移：移动。太阳到了正午时就开始向西移动，月亮到了最圆时就开始变缺。比喻事物盛极必衰，发展到极端时就会向相反的方向转化。

"日月经天，江河行地"

像太阳和月亮每天经过天空，江河永远流经大地一样。比喻光辉永存，经久不变。

"日久见人心"

日子长了，经历的事情多了，便可看出一个人的为人如何。

"内举不避亲，外举不避仇"

举：推举；亲：亲属。推举身边的人，即便是亲属也不回避；推举外边的人，即便是仇人也不遗弃。形容办事公正。

"水至清则无鱼"

至：极，最。水极清澈，也就没有鱼了。比喻过分苛求别人，就没人同他来往了。

"水火不相容"

比喻事物根本对立，不能相合。

"水可载舟，亦可覆舟"

载：承受；覆：底朝上翻过来。水能承载船只，也能使船倾覆。比喻事物用之得当则有利，反之必有弊害。

"见物不取，失之千里"
"见之不取，思之千里"

看到时不要，以后想要时就变得遥远难办了。

"见可而进，知难而退"

指根据实际情况决定进攻或退却。

"见弹求鸮炙"

炙：烤肉。看见弹丸，就想到烤鸟肉。比喻计算得过早。

"见风使舵，顺水推舟"

形容要善于根据自然规律果断处置身边发生的紧急问题。

"见人遇难不搭救，活在世上也害羞"

见人有困难不勇于帮助，终会觉得羞愧难过。

"见客莫退后，做客莫向前"

见了客人要主动迎接，到别人家做客则要谦虚礼让。

"见兔顾犬未为晚，亡羊补牢未为迟"

亡：失去；牢：养牲畜的圈。比喻遇到问题只要及时处理就不会造成损失。

"手之舞之，足之蹈之"

蹈：跳动。双手舞起来，双脚跳起来。形容高兴至极的样子。

"手无缚鸡之力"

缚：捆绑。连捆鸡的力量都没有。形容力气很小。

"牛头不对马嘴"

比喻答非所问。

"牛无力拉横耙，人无理说横话"

比喻待人接物要通情达理，切忌粗暴蛮横。

"长江后浪推前浪，世上新人赶旧人"

比喻新生事物代替旧的事物，如江水前后之相接，永不停止地向前发展。

"长袖善舞，多钱善贾"

善：擅长；贾：做生意。衣袖长善于跳舞，本钱多好做生意。比喻做事有凭借，才容易成功。

"长他人志气，灭自己威风"

灭：消灭；志气：进取的决心和勇气。轻视自己的力量，就会助长敌对方面的声势。

"仁者见仁，智者见智"

对待同一事物的看法，因各人见解不同而有所差异。

"化干戈为玉帛"

干戈：本是古代的兵器，这里指战争；玉帛：玉器和丝绸，古代诸侯会盟交际时用作礼物，这里借指友好。比喻把战争或争斗变为和平友好。

"仇人相见，分外眼明"

敌对双方相逢时，彼此对对方都格外警觉和敏感。常用于比喻对仇人非常痛恨。

"反其道而行之"

道：方法。采用同对方正好相反的方法行事。

"反其意而用之"

指按照与原来相反的意思引用或使用词语、典故等。

"今朝有酒今朝醉"

今朝：今天。今天有酒就抓紧时间喝醉了再说。比喻只顾眼前享乐，不顾及未来。

"分久必合，合久必分"

指人或事物变化无方，分合不定。

"公道自在人心"

公道：公正的道理。公正的道理自然存在于众人心里。

"公说公有理，婆说婆有理"

比喻双方都说自己是对的，各自坚持已见。

"勿以恶小而为之，勿以善小而不为"

勿：不要；为：做。不要以为是微小的坏事就可以做，不要以为是不大的好事就不去做。

"勿谓言之不预也"

谓：说；预：预先。不要说事先没讲明。指有言在先。

"风马牛不相及"

风：雌雄牲畜相互追逐引诱；及：到达。指即使雌雄相诱，马和牛也不会相遇。比喻事物不相干。

"风高放火，月黑杀人"

风高：风大。旧时形容盗匪趁机作案的行径。

"方以类聚，物以群分"

比喻人或事物按其性质分门别类，各自聚集。

"心有余而力不足"

心里非常想做，但没有足够的力量去实现。

"心有灵犀一点通"

灵犀：旧时传说犀牛是灵异的动物，其角中有白纹如线，直贯两头，能感应灵异。比喻恋爱双方心心相印。现多比喻彼此间心意相通，心领神会。

"尺有所短，寸有所长"

尺比寸长，用于更长处却显得很短；寸比尺短，用于更短处却显得长。比喻人各有其长处和短处。

"以其人之道，还治其人之身"

道：方法；还：回报别人对自己的行动。就是用那个人对付别人的方法，反过来对付他本人。

"以眼还眼，以牙还牙"

用瞪眼还击瞪眼，以牙咬回击牙咬。比喻针锋相对。

"以危为安，以乱为治"

治：合理。把危亡当作安定，把祸乱当作太平。形容缺乏政治远见，看不到潜在的危机。

"以强凌弱，以众暴寡"

凌：欺侮，侵犯；寡：少。形容仗着自己强大或者人多，去欺负弱小者。

"未可同日而语"

比喻事物相差很大，不能相提并论。

"打人不打脸，骂人不揭短"

打人不要打别人的脸面，骂人不要揭别人的短处。比喻在人际交往中要尊重人格，切莫伤害别人的面子。

"打架不能劝一边，看人不能看一面"

指处理人际关系要注意全局，不能因小失大。

"打了盆说盆，打了罐说罐"

"打破盆说盆，打破罐说罐"

比喻处理问题要有针对性。

"打架无好拳，吵嘴无好言"

"打起架来没好拳，骂起来没好言"

打架时出手很重，吵嘴时恶语伤人。说明人在不冷静时往往会产生过激行为。

"打破砂锅璺到底"

璺：陶瓷器具上的裂痕，谐音"问"。比喻对事情寻根究底。

"打蛇打七寸"

七寸：指蛇的心脏位置。比喻凡事要把握住关键，才能取得成功。

"打肿脸充胖子"

形容为撑面子，做一些自己力所不及的事情。

"可以意会，不可言传"

会：领会，理解。指对某些事情只能揣摩它的含义，却难以用言语表达出来。

"可望而不可即"

即：接近，接触。可以看见但不能接近或得到。形容看来可以达到而实际上难以达到。

"可一而不可再"

再：第二次。指可以做第一次，不可以做第二次。

"平时不烧香，临时抱佛脚"

"闲时不烧香，急来抱佛脚"

比喻平时不努力做好准备，事到临头才仓促设法应对。

"东风压倒西风"

比喻正义力量对于邪恶势力占压倒的优势。

"东方不亮西方亮，黑了南方有北方"

亮：明亮。比喻这个地方办不成的事，可以换到别的地方去办，应当灵活变通。

"只此一家，别无分店"

原是一些商铺招揽生意的用语，意思是只有这一家商铺里能买到某种商品。后泛指某种事物只有这里有，别处都没有。

"只许州官放火，不许百姓点灯"

形容统治者自己可以胡作非为，老百姓连正当活动也要受到限制。也指胡作非为的人不许别人有正当的权利。

"只听楼梯响，不见人下来"

形容只是口头说说，没有实际行动。

"四海之内皆兄弟"

四海：指全国。全国的人都像兄弟一样。

"生米做成熟饭"

比喻事情已成定局。

"生于忧患，死于安乐"

忧愁祸患，使人奋斗而得生存；安逸快乐，使人沉迷于享乐，反易致灭亡。

"失之东隅，收之桑榆"

东隅：出太阳的地方，指早晨；桑榆：日影落在桑树与榆树之间，借指傍晚。比喻开始在这一方面失败了，最后在另一方面取得了成功。

"失之毫厘，差之千里"

毫厘：重量和长度的小单位。开始时只稍微差一点，结果会造成很大的误差或错误。

"失败是成功之母"

失败是成功的先导。比喻从失败中吸取教训，就能变失败为胜利。

"白沙在涅，与之俱黑"

涅：黑土。白色的细沙混在黑土中，也会跟它一起变黑。比喻好的人在坏的环境里，也会逐渐变坏。

"白头如新，倾盖如故"

白头：指老年；倾盖：指两人途中相遇，停车交谈，双方车盖往一起倾斜。有的人相识很久，到了老年，仍像初识一样不很了解；有的人初次相识，却像老朋友一样非常了解。比喻感情的深浅不能单以时间长短来衡量。

"他山之石，可以攻玉"

其他山上的石头可以作为磨石来磨玉器。比喻能帮助自己改正缺点的人或意见。

"瓜田不纳履，李下不整冠"

经过瓜田时不要弯身提鞋子，经过李树时不要举手整理帽子。形容避免招惹无端的怀疑。

"瓜熟蒂落，水到渠成"
"瓜熟自落，水到自成"

蒂：瓜果跟枝茎连接的部分。比喻条件、时机成熟，事情自然成功。

"立于不败之地"

立：处在。意指处于不败的境地。

"半夜敲门心不惊"

"半夜敲门不吃惊"

比喻没做亏心的事，什么都不怕。

"半路上杀出个程咬金"

程咬金：唐朝大将，性格鲁莽，爱管闲事。意指发生了原本没有预料到的事情。

"头痛灸头，脚痛灸脚"

"头痛医头，脚痛医脚"

针对疼痛的部位医治，不追究病根，只治标，不治本。比喻对道理不加深究，只解决具体问题即可。

"宁教我负天下人，休教天下人负我"

"宁教我负人，莫教人负我"

负：辜负；休：莫，不要。宁可让我辜负所有人，也不要让任何人来辜负我。比喻极其自私的处世态度。

"宁为鸡口，无为牛后"

宁：宁愿；牛后：牛的肛门。比喻宁愿在局面小的地方独立自主，也不愿在局面大的地方受人摆布。

"礼之用，和为贵"

和：和谐。礼的作用，在于使人与人的关系变得更加和谐。

"司马昭之心，路人皆知"

比喻阴谋野心极其明显，人所共知。

"民以食为天"

老百姓以粮食为生存的根本。形容民食的重要。

"民不畏死，奈何以死惧之"

畏：害怕；奈何：怎么。老百姓都不怕死，还怎么用死来吓唬他们。

"出淤泥而不染"

染：沾染。比喻从污俗的环境中出来，却能保持纯真的品质而不沾染坏习气。

"皮之不存，毛将焉附"

焉：哪里。皮都不存在了，毛还依附在哪里呢？比喻事物失去赖以生存的主体，就很难生存下去。

"皮笑肉不笑"

形容虚伪地装出来的笑或阴险地笑。比喻虚情假意，表里不一。

"老死不相往来"

直到老死，互相都没有来往。

"老虎屁股摸不得"

比喻自以为了不起，不容他人触犯。

"老鸹窝里出凤凰"

老鸹：乌鸦；凤凰：古代传说中的鸟王。比喻在卑微的环境中出了高贵的人物。

"老鼠过街，人人喊打"

比喻危害人的人或事物，为所有人所痛恨。

"老子天下第一"

自以为是天下第一号的人物。表示极其狂傲自大。

"耳闻不如目见"

耳朵听到的不如眼睛看到的。比喻亲身感受比传闻可靠。

"耳听为虚，眼见为实"

虚：虚假。听到的还不足以为信，亲眼看见才是真实可靠的。

"机不可失，失不再来"

时机难得，不可错过。

"有心栽花花不开，无心插柳柳成荫"

形容一心想求的没能得到，没想要的却意外地取得了收获。

"死马当活马医"

比喻在已经绝望的情况下尽力挽救，仍寄予希望。

"死无葬身之地"

死后无地埋葬。形容结局十分悲惨。

"死生有命，富贵在天"

比喻万事都由天命注定。

"成事不足，坏事有余"

"成事不足，败事有余"

不能把事情办好，反而把事情办坏。

"成则为王，败则为寇"

"成者为王，败者为寇"

成功者成为君王，失败者变成阶下囚。含有成功者权势在手，无人敢责难，失败者有口难辩之意。

"成也萧何，败也萧何"

萧何：汉高祖刘邦手下重臣。比喻事情的成败或好坏都是由于一个人造成的。

"此一时，彼一时"

当时是一种情况，现在又是另一种情况。表示由于时间不同，情况也就不一样。

"此地不留人，自有留人处"

这里不能相容，自会有可以相容的地方。

"当局者迷，旁观者清"

当局者：下棋的人；旁观者：观棋的人。比喻当事者往往糊涂，反而不如旁观者清楚。

"当着矮人，莫说短话"
比喻不要当面说他人的短处，以免伤害人家的脸面。

"当面是人，背后是鬼"
比喻当面十分亲热，背后却在捣鬼。

"同生死，共患难"
形容相互利益一致，生死与共。

"同声相应，同气相求"
原意是同类事物互相感应。后用以比喻志趣、意见相同的人互相响应，自然而然地结合在一起。

"吃得亏，能打堆"
比喻不怕吃亏的人才能与众人和睦相处。

"吃得饱，睡得着，不管别人的死与活"
形容只管自己不管他人的个人主义的自私行为。

"各人自扫门前雪，休管他人瓦上霜"
比喻不要多管闲事，或者形容那些明哲保身的人。

"多一事不如少一事"
比喻怕惹是非，不愿多事。

"多行不义必自毙"
比喻坏事干多了，必定自取灭亡。

"衣不如新，人不如故"
形容老朋友很难得，不要轻易抛弃。

"闭门造车，出门合辙"
辙：车轮压出的痕迹。按照统一的标准，即使关起门制造车辆，也能达到符合使用的要求。

"羊毛出在羊身上"

比喻表面上人家给了好处，但实际上这好处已附加在所付出的代价里。

"好借好还，再借不难"

借别人的东西及时归还，再要借时也就不困难了。

"好汉不吃眼前亏"

好汉：勇敢坚强的人。形容聪明人能见机行事，不陷入眼前的困境。

"好事不出门，恶事传千里"

好事不易为人知道，坏事却传播得很快。

"妈家的，娘家的"

比喻谈论别人家的琐碎小事。

"拒人于千里之外"

比喻自以为是，不愿听别人的意见。后形容态度傲慢，不跟别人接近或与他人合作。

"走了和尚走不了庙"

比喻人走了，房子土地带不走。

"攻其无备，出其不意"

乘敌方还没有防备突然攻击，使行动出乎对方意料之外。

"求生不得，求死不能"

想死也死不了，想活也活不好。形容处境极其艰难。

"两虎相斗，必有一伤"

比喻两强相争，不是你死，就是我亡。

"来无影，去无踪"

踪：踪迹。来时不见身影，去时不见踪迹。形容出没极其迅速或隐秘。

"来者不善，善者不来"

指来的人不怀善意，有善意的人不会来。喻指敌对方的来人不怀好意，要提高警惕。

"别时容易见时难"

"分别容易会见却难"

表现不想离别时的深情或分别后的思念。

"言有尽而意无穷"

指说话或诗文内容含蓄，含义深刻，耐人寻味。

"闲话休提，书归正传"

"闲话休讲，书归正传"

书：指说书人讲的故事。正传：指故事本身。不要紧的话不要讲了，回到故事本身上来。本是章回小说的常用语，也指说书和写文章不要扯远了，还是回到主题上来。

"没有规矩，不成方圆"

规，矩：校正圆形、方形的两种工具，多用来比喻标准法度。没有规矩就难以画成圆形和方形。比喻做事一定要按法则、标准，否则难以做好。

"没吃三天素，岂能上西天"

西天：佛教徒指极乐世界。比喻人不经过刻苦的努力过程，就难以达到理想的境界。

"没有家亲，引不出外鬼"

没有自己人从中捣鬼，就不会引来外人来捣乱。

"君子之交淡如水"

君子之间的交往高雅纯净，好像水一样的清淡。

"君子交，绝不出恶声"

道德高尚的人即使与朋友断绝交往，也不说对方的坏话。

"张家长，李家短"

指议论各家的琐碎小事。比喻与己无关的闲话。

"鸡犬之声相闻，老死不相往来"

能互相听见鸡鸣狗叫的声音，但却直到老、直到死彼此都不来往。形容人与人、单位与单位之间互不联系、互不交流的情况。

"拔了毛的凤凰不如鸡"

凤凰：古代传说中百鸟之王，羽毛美丽，雄的叫凤，雌的叫凰。常用来象征祥瑞。形容地位高的人失去了地位和权力，还不如一般人的作用大。

"画虎画皮难画骨，知人知面难知心"

指人与人相处真要了解他的内心是不容易的。

"明修栈道，暗度陈仓"

栈道：在悬崖峭壁上木架的道路；陈仓：陕西省宝鸡市以东的古代交通要道。比喻以明显的行动迷惑、麻痹对方，暗中采取另一个行动以达到目的。

"明枪易躲，暗箭难防"

明处来的枪容易躲开，暗中射来的枪箭难以提防。常比喻公开的攻击比较容易对付，暗地里的中伤难以辨别。

"呼牛也可，呼马也可"

不管别人怎样叫我，我都不在乎。用以表示不管别人说什么，自己仍然按照自己的意愿行事。

"知人知面不知心"

"知人知面不知心，知山知水不知深"

比喻熟悉人的外表容易，了解人的内心却很困难。

"朋友千个少，冤家一个多"

提醒人们要少树敌，多交友；朋友越多，越能帮助自己。

"狗嘴里吐不出象牙"

比喻坏人口里说不出好话来。

"饱食终日，无所事事"

"饱食终日，无所用心"

终日：整天。一天只知道吃饭，什么事也不干。

"肩不能担，手不能提"

比喻什么体力劳动都不会干。多比喻缺乏锻炼的文弱书生，也用以形容不爱劳动的人。

"视而不见，听而不闻"

看见了如同没看见一样，听见了如同没听到一样。形容不关心，不注意。

"挂羊头，卖狗肉"

以高品质的名义做幌子，推销低劣货物。形容表里不一。

"项庄舞剑，意在沛公"

项庄：楚霸王项羽手下的武将；沛公：汉高祖刘邦。项羽与刘邦在鸿门饮宴，项庄在席间舞剑助兴，企图乘机杀害刘邦。比喻言语行为并不是表面所露之意，实则另有图谋。

"城门失火，殃及池鱼"

殃：灾祸；池：护城河。城门着了火，人们用护城河的水救火，水干了，鱼也就死了。后用此比喻受牵连而遭受连累。

"挟天子以令诸侯"

挟制皇帝，以其名义命令诸侯。比喻用领导的名义按自己的意思去指挥别人。

"相识满天下，知心能几人"

"相交满天下，知心无几人"

比喻交结的朋友到处都有，却没有几个知心的。

"树欲静而风不止"

树要静止，风却不停地刮得它摇动。比喻客观情况与主观愿望相违背，不能如人所愿。

"是非只为多开口，烦恼皆因巧弄舌"

比喻话多容易招惹是非，引起麻烦。

"是可忍，孰不可忍"

是：指示代词，这；孰：什么。如果这个都可以忍耐，还有什么不可忍受的呢？

"哑巴吃黄连，有苦说不出"

黄连：中药，味苦。哑巴吃了黄连，嘴里很苦却说不出来。比喻有苦难言。

"哑子做梦说不清"

心里明白，表达不清楚。比喻满腹心事，无处倾诉。

"冒天下之大不韪"

冒：不顾；韪：是，对。敢于去做天下人认为是最大的错事。

"星星之火，可以燎原"

燎：燃烧。小火星可以引发燎原大火。比喻小事可能酿成大事。

"看菜吃饭，量体裁衣"

比喻针对事物的实际情况作出适当的处理。

"顺天者昌，逆天者亡"
"顺我者昌，逆我者亡"

顺：依顺；逆：违背；亡：灭亡。比喻顺从天意的就可以生存，违背天意的就要遭到灭亡。

"食之无味，弃之可惜"

吃起来没有滋味，丢掉又可惜。

"将在外，君命有所不受"

将：将军；受：接受。将军带着军队在外作战，即使是君王的命令，有的也不一定接受。

"养军千日，用在一朝"

长期供养、训练军队，便于一旦用兵打仗。

"送君千里，终有一别"

送朋友走得再远，也避免不了分手道别。

"前无古人，后无来者"

"前没有古人，后不见来者"

指空前绝后。亦用作讽刺。

"前门拒虎，后门进狼"

比喻刚清除一个祸害，另一祸害又紧跟而来。

"前怕狼，后怕虎"

比喻顾虑重重，畏缩不前。

"浇花浇根，交友交心"

"浇树要浇根，交人先交心"

形容交结朋友要诚心相待。

"扁担没扎，两头打塌"

扎：扁担头的插栓或做卡。打塌：滑落下来。形容本想一举两得，结果一无所获。

"神不知鬼不觉"

比喻做事极为隐秘，丝毫不让旁人知道。

"既来之，则安之"

既然已经到来了，就应该安心下来。

"既有今日，何必当初"

既然落到今天如此的困苦境地，当初又何苦那样呢？多用以表示后悔或指责对方中途变卦的行为。

"眉头一皱，计上心来"
形容一下就想出了计策。

"怒从心起，恶向胆生"
"怒从心头起，恶向胆边生"
比喻因心中怀着愤怒而产生的行凶念头。

"赶鸭子上架"
比喻强迫人去做力所不及的事。

"捉贼见赃，捉奸见双"
"捉贼要赃，捉奸要双"
比喻给人罪名必须有真凭实据。

"热锅上的蚂蚁"
比喻焦急万分，坐立不安，无计可施的样子。

"莫信一人话，要听千人言"
提醒人们要听信和尊重大多数人的意见，防止片面性。

"莫言闲话是闲话，往往事从闲话来"
闲话容易惹是生非，告诫人们要避免说闲话。

"莫在人前夸大口，强中自有强中手"
不要在别人面前自吹自擂，因为还有比你更强的人。提醒人们不要自我夸耀。

"莫信直中直，须防仁不仁"
直：正直；不仁：不讲道义。比喻不能简单地相信别人很正直，要防止他存心不良。

"桃李遍天下"
桃李：桃树和李树，喻指学生。比喻学生很多，各地皆有。

"破屋更遭连夜雨，漏船又遭打头风"

打头风：逆风。比喻祸不单行，接连遭受意外的打击。

"恩人相见，分外眼青"

眼青：亲热。形容恩人相见时特别高兴、亲热。

"秤砣虽小压千斤"

秤砣虽小，却能压千斤之重。比喻外表虽不引人注目，实际很起作用。

"积财千万，不如藏技在身"

积蓄财产，不如学点技能。

"爱之欲其生，恶之欲其死"

喜欢这个人时想要他活着，讨厌这个人时想他死掉。

"留得青山在，不怕没柴烧"

比喻能保留生命，其他问题都可以得到解决。

"酒逢知己千杯少，话不投机半句多"

指意见相合，千杯嫌少，意见不投，半句嫌多。

"海水不可斗量"

以量斗量汪洋大海的水，是无法知道海水有多少。比喻凭人的现状或相貌难以判断一个人的才能高低或未来发展。

"海内存知己，天涯若比邻"

海内：指四海之内；天涯：天边，形容很远。四海之内有人同自己的精神相通，即使远在天边，也好像近邻一样。

"海阔从鱼跃，天空任鸟飞"

阔：宽广。大海辽阔，随鱼跳跃，天宇广阔，任鸟飞翔。原形容无牵无挂，后常比喻可充分施展抱负。

"冤有头，债有主"

比喻处理事情要找负主要责任的人。

"救人救到底，帮人帮到家"

比喻救人和帮助人的事都要做到尽善尽美，有始有终。

"盛名之下，其实难副"

副：符合，相称。名声极大，实际情况却与其很难相称。

"眼不见为净"

眼睛看不见肮脏的东西，就姑且当作是干净的。

"眼不见，心不烦"

只要看不见不顺眼的人或事，心里就不会烦恼。

"眼观六路，耳听八方"

形容机智灵活，遇事能多方观察分析。

"眼中钉，肉中刺"

比喻极其厌恶痛恨的人。

"野火烧不尽，春风吹又生"

野火不能烧尽野草，春天一到野草又长出来了。比喻富有生命力的事物，任何力量也扼杀不了。

"蛇化为龙，不变其文"

比喻无论形式上怎样变化，实质还是一样。

"得一知己，死可无憾"

能够得到一个知心朋友，就是死了也不遗憾了。用以表示很不容易得到知心的朋友。

"盘古开天地"

盘古：神话中开天辟地的巨人。比喻历史的开端。

"欲加之罪，何患无辞"

要加给别人的罪名，还怕没有借口吗？比喻随心所欲地诬陷人。

"猛将如云，谋臣似雨"

比喻文臣武将非常多，人才济济。

"麻雀虽小，五脏俱全"

麻雀虽然小，却和其他动物一样五脏六腑都是齐全的。比喻事情虽小，但各种因素都存在。

"谋事在人，成事在天"

谋：谋求。谋求事情成功要靠人的努力，而事情能否成功则须要客观的条件。

"祸兮福所倚，福兮祸所伏"

源自《道德经》："祸兮福之所倚，福兮祸之所伏。"比喻祸与福相互依存，可以转化。

"韩信将兵，多多益善"

韩信：汉初大将；将：带领。形容越多越好。

"棋逢对方，将遇良才"

逢：遇见。比喻交战或竞技的双方水平相当，不相上下。

"跑了初一，跑不了十五"

初一、十五，指每月的第一天和月中的一天。初一跑脱了，十五总跑不脱。比喻总有一天被抓到。

"黑云压城城欲摧"

本指黑云压在城上，好像城要垮塌一般。这里是形容恶势力一时猖狂造成的紧张局面。

"智者乐水，仁者乐山"

智者：有才智的人。仁者：有仁爱之心的人。乐：爱好。智者爱好水，仁者爱好山，形容不同的人有不同的爱好。

"普天之下，莫非王土；率土之滨，莫非王臣"

普：全；率：沿着；率土之滨：古人认为中国大陆四面环海，

四周海滨之内的土地是中国的范围。天底下没有一块土地不是天子所管辖的，保卫边疆的将士没有一个不是天子的臣民。比喻君主对国土、臣民的绝对权威。

"道不同，不相为谋"

道：主张，志向；谋：商议。志向或主张不同的人，不能在一起商谋共事。

"道高一尺，魔高一丈"

道：正气；魔：邪气。本是佛家提醒修行者警惕外界诱惑的用语。后比喻一方力量超过与之敌对的力量。

"强不凌弱，众不暴寡"

意思是说强大的不要欺负弱小的，人多的不要欺负人少的。

"矮子队里选将军"

比喻选择余地小，难以选出理想的人。也指勉强挑选。

"嘤其鸣矣，求其友声"

嘤：象声词，形容鸟叫声，鸟寻求伴侣时常发出嘤嘤的叫声。用以形容人们寻求志同道合的朋友。

"漫天要价，就地还钱"

比喻商家讨价还价，卖方把价钱要得很高，买方把价钱还得很低。

"醉翁之意不在酒"

形容本意不在此而另有所图，也比喻别有用心。

"靠山吃山，靠水吃水"

靠近什么地方，就以那里的土产作为生活的依靠。比喻干什么行业，就靠什么行业生活。

"鹬蚌相持，渔人得利"

鹬：一种细长嘴善于抓鱼的水鸟。比喻双方相持不下，而使第三方从中得利。

修身创业篇

"一事精，百事精；一无成，百无成"

一样精通什么都精通，一件事办不成可能影响到很多事都办不成。提醒人们做事要专心专意，负责到底。

"一日为师，终身为父"

教过自己一天的老师，要一辈子当作父亲来看待。

"一人做事一人当"

"一身做事一身当"

比喻自己犯的错误，自己一个人承担责任。

"一日春风吹不尽三冬的严寒"

比喻办事总有一个过程，不能急躁。

"一口吃不成胖子"

比喻凡事有个过程，操之过急成不了事。

"一夜被蛇咬，十日怕麻绳"

"一度着蛇咬，怕见断井索"

"一朝被蛇咬，三年怕草索"

比喻在某件事情上吃了苦头，以后遇到相似的事物就感到害怕。

"一棒子打死一船人"

"一棍打一船"

比喻因一个人或一个问题都全盘否定。

"一花独放不是春，万紫千红春满园"

"一花独放不是春，百花齐放春满园"

比喻只有大家都好才能建成美满的和谐社会。

"一人吃斋，十人念佛"

一个吃斋信佛，周围的许多人都跟着吃斋信佛。比喻一个人做事，会带动很多人跟着做。

"一把钥匙开一把锁"

"一把钥匙开把锁，具体问题具体说"

比喻遇到问题，要根据问题的特点，有针对性地解决。

"一叶蔽目，不见泰山"

"一叶障目，不见泰山"

蔽：遮挡；泰山：在山东省境内，五岳之首。一片树叶挡住眼睛，就连高大的泰山也看不见了。比喻被个别的暂时现象所蒙蔽，看不到事物的整体。

"一锹挖不出一口井来"

比喻做事不急于求成，办事总有一个过程。

"一条小毛虫，能把树蛀空"

喻指小的问题不及时解决，发展下去可能演变成大问题。

"一身做不得两件事，一时丢不得两条心"

比喻做事要专心致志，提醒人们在工作中不能一心二用。

"一发而不可收拾"

事情一经发生便无法收拾。

"一夫当关，万夫莫开"

一个人把守住关口，一万个人也打不开。形容地势险要，易守难攻。

"一分行情一分货"

行情：市场上商品的一般价格。比喻送对方多少钱财，对方就给办多少事。

"一人之下，万人之上"

指统治地位在皇帝一人之下，千千万万人之上。

"一生作恶，不得善终"

善终：指好的结果，好的结局。比喻人一辈子干尽坏事，他最后的下场是不好的。

"一寸光阴一寸金"

比喻时间宝贵，必须珍惜。

"一而再，再而三"

比喻一次又一次。

"一动不如一静"

原指动不如静，后表示多一事不如少一事。

"一口吸尽西江水"

比喻性子太急，想一下就达到目的。

"一丝不线，单木不林"

比喻一个人的力量单薄，办不成事。

"一去不复返"

去了以后，再也不回来了。形容事物已成过去，不能重现。

"一竿子捅到底"

比喻做事、说话直接、彻底，有始有终。

"十载寒窗积雪余，读得人间万卷书"

比喻形容长期刻苦读书。

"十年寒窗无人问，一举成名天下知"

读书人长期刻苦读书没有人过问，一旦金榜题名，就名扬天下。

"丁是丁，卯是卯"

丁：天干之一，为凸者；卯：地支之一，为凹者，丁卯两相配合才能契合。比喻对待事物非常认真，毫不含糊。

"七次量衣一次裁"

比喻事前的准备工作十分重要。

"七年之病，求三年之艾"

病久了才去寻找治病的干艾叶。比喻凡事要平时准备，事到临头再想办法就来不及了。

"人多力量大，柴多火焰高"

比喻人越多力量越大，就像柴火越多火焰越大一样。

"人嘴两张皮，各说各有理"

比喻都说自己是对的，各人坚持己见。

"人急办不成好事，猫急逮不到耗子"

形容急躁冒进办不成事。

"人无前后眼，祸害一千年"

比喻人际交往如果只顾眼前，没有远见，容易造成无穷无尽的后患。

"人无千日好，花无百日红"
"人无千日好，花难百日红"

指人的青春短暂。也比喻好景不长或难以维持。

"人无远虑，必有近忧"

人若没有长远的考虑，马上就会有忧患的事发生。

"人懒事多，马懒路多"

比喻人懒不肯做事，则身边的事就会越积越多；马懒走路缓慢，则难以走到目的地。

"人为财死，鸟为食亡"

人为了钱财可以舍弃一切，甚至生命；鸟为了争夺食物而死亡。

"人算不如天算"

算：谋划，算计。人再会谋划，也没有上天的办法多。比喻人做事要顺其自然。

"人不为己，天诛地灭"

诛：杀。旧时指人不为自己打算，就会受到天地的诛灭。

"人怕出名猪怕壮"

旧指人出名会招来麻烦，就像猪长肥后要被宰杀一样。后指遇事不愿出头露面。

"人之将死，其言也善"

人到临死时，他说的话是善意的。常用以形容临终嘱咐之言。

"人命危浅，朝不虑夕"

浅：时间短。寿命不长了，死亡就在旦夕。比喻衰老的人临近死亡或腐朽的东西将要灭亡。

"人生如白驹过隙"

白驹：白色骏马；隙：缝隙。形容生命的短促。提醒人们珍惜宝贵的时间。

"人心齐，泰山移"

古人以泰山为高山的代表，常用来比喻敬仰的人和重大的有价值的事物。只要大家齐心，就能发挥出极大的力量。

"九层之台，起于累土；千里之行，始于足下"

九层高的土台，是从一筐土开始堆积起来的；行千里路是从脚迈第一步开始的。比喻伟大的事业都是由小到大做起来的。

"三人行，必有我师"

三个人一起走路，其中必定有可做我老师的人。指应不耻下问，虚心向别人学习。

"三代不读书会变牛"

连着三辈人都不读书学习，没有文化，后人就只能变得像牛一样蠢笨。

"三天不弹，手生荆棘"

荆棘：山野丛生带刺的灌木。多天不弹琴，手就像生了荆棘一样迟钝。比喻学了的东西要经常温习，以免遗忘。

"三日打鱼，两日晒网"

"三天打鱼，两天晒网"

比喻做事没有恒心，时常中断，不能坚持。

"三天不唱口生，三天不演腰硬"

比喻演戏的人平时要坚持练功。

"三勤夹一懒，懒人自然勤；三懒夹一勤，勤人自然懒"

三个勤快人中夹杂一个懒人，懒人会变为勤快人；三个懒惰的人中间夹杂一个勤快人，勤快人会变成为懒人。比喻个人的行为往往受多数人的影响。

"三岁牯牛十八岁汉"

牯牛：公牛。指三岁的公牛和十八岁的小伙子力气一样大。比喻年轻人身强力壮、精力充沛。

"三十而立"

立：建树、成就。指人三十岁能立于社会。

"三下五除二"

原是珠算口诀，后用以形容做事干脆利索。

"三一三十一"

原是珠算口诀，后表示按三份平均分配。

"三过家门而不入"

传说大禹在外治水十三年，曾三次路过家门都不进去，最后终于制服了洪水。后泛指对工作专心致志，把个人、家庭利益置之度外。

"三天不摸手生"

形容技艺要经常演练，否则要生疏。

"三十六策，走是上计"

"三十六计，走为上计"

指局面已无可挽回，别无良策，只能出走。

"三寸不烂之舌"

形容能说会道，善于言辞。

"士别三日，当刮目相看"

比喻即使多日不见，别人已有进步，不能再用老眼光去看人。

"下海方知海水深，上山才知路难行"

形容实践才能出真知。

"下笔如有神"

写起文章来，文思奔涌，如有神助。形容文思敏捷，善于写文章或文章写得特别好。

"大匠能与人规矩，不能使人巧"

大匠：指在某方面造诣高的人；巧：灵巧。高明的匠人只能教人规矩，不能使人心灵手巧。指必须要主观努力，不能单依靠客观条件。

"与其多攒金银，不如一技在身"

攒：积聚。比喻学一样过硬的技术比积攒金钱作用更大。

"万事开头难"

比喻做什么事都是开始的时候比较难。

"万丈高楼平地起"

比喻事物总是从开始一步步发展起来的。提醒人们，要创业必须扎扎实实从基础做起。

"小不忍则乱大谋"

忍：容忍，让步；大谋：全局策略。指不能容忍细枝末节的小事，就会打乱全局的策略。

"小巫见大巫"

巫：旧时替人祈祷为职业的人；小巫：指巫师中法术低下的。小巫在大巫面前无法施展法术。比喻能力才干相差很远，无法比拟。

"小杖则受，大杖则走"

轻打就忍受过去，重打就逃走。旧时认为这是子女受到父母惩罚应有的孝顺态度。

"山河易改，本性难移"

本性：固有的性质或个性。比喻人的秉性习惯不易改变。

"千人打鼓，一槌定音"

比喻先广泛听取群众意见，然后由领导作决定。提醒人们要遵循民主集中制的原则。

"千里始足下"

"千里之行，始于足下"

千里远的路程是从迈第一步开始的。比喻任何大的事情，都要从眼前细微的小事做起。也比喻干一番事业开头很重要，要迈好第一步，打好基础。

"久旱逢甘雨，他乡遇故知"

故知：老朋友、熟人。比喻一直渴望的东西得到了满足。

"凡事有个先来后到"
比喻做事要按先后顺序进行。

"己所不欲，勿施于人"
自己不想干的事也不要强迫别人干。

"习惯成自然"
事物发展的规律性，做事的方法习惯了，便成为很自然的事了。

"王婆卖瓜，自卖自夸"
王婆：指生意人。形容自吹自擂。

"开店容易守店难"
开创一家商店容易，维持商店长期赢利却很困难。

"天晴不肯走，只待雨淋头"
形容遇事要及时把握时机，否则要惹出麻烦。

"无容身之地"
容：容纳。比喻没有栖身立脚的地方。形容十分窘困。

"无所不用其极"
"无所不尽其极"
极：顶点，尽头。原指做任何事情都尽心尽力。现指做坏事时，什么极端的手段都能使出来。

"无所措手足"
措：安放。没有地方放手和脚。形容不知怎么办才好。

"无所施其技"
技：同伎，伎俩。没有办法施展伎俩。

"无桥过不了河，没梯上不了楼"
比喻要办成事须事先创造必要的条件。

"艺在勤中学，功在苦中练"

学艺和练功都要勤奋、刻苦，狠下功夫。

"木偶出神，背后有人"

木偶能表演神乎其神、栩栩如生的节目，是因为背后有人操纵。形容杰出的人和事也要依靠能人的帮助。

"不鸣则已，一鸣惊人"

鸣：鸟叫。比喻平时默默无闻，突然做出惊人的成绩。

"不经一事，不长一智"

经：经历；智：知识，才能。不亲身经历就不能增长知识。常指经过失败而得到教训。

"不管白猫黑猫，捉住老鼠就是好猫"

比喻无论什么办法，能取得预期效果的就是好办法。

"不蚀小本求不来大利"

蚀：赔。不赔些小本钱就赚不到大钱。泛指凡事不付出一定的代价，就难有大的收获。

"不因渔父引，怎得见波涛"

如果没有打鱼人的指引，怎么能见到江河大海中滚滚的波涛。指欲知自己不熟悉的人和事，要找相关的人了解。

"不怕学不会，就怕不肯钻"
"不怕事情难，就怕不肯钻"

喻指学习或办事不刻苦用功，就达不到满意的效果。

"不可无一，不可有二"

形容地位重要且具有特色。

"不怕学不好，就怕不用脑"

只要认真开动脑筋，勤学苦练，就能丰富自己的知识。

"不听老师言，知识不周全"

告诫人们要想学到全面的知识，就必须认真接受老师的教诲。

"不听指点，多绕弯弯"

"不听老师指点，学习多绕弯弯"

提醒人们在学习中要虚心听从老师的指点，才能避免走弯路，浪费时间。

"不以一眚掩大德"

眚：本指眼睛角膜上的小翳，引申为过失、错误。不因为偶然一次错误就抹杀了大的功劳。

"不会做饭的看锅，会做饭的看火"

比喻遇事要把握关键环节，不要被表面现象所迷惑。

"不眠知夜长，久交知人心"

只有失眠才知道晚上的时间长短，只有与人长期相处才能结交知心朋友。

"不怕慢，就怕站"

"不怕慢，只怕站"

站：停止不前。不怕动作缓慢，就怕停着不干。

"不顶千里浪，哪来万斤鱼"

形容不花大力气，就不能取得重大的成就。

"日薄西山，气息奄奄"

薄：迫近。奄奄：形容毫无生气的情状。太阳靠近西山，将要落下，年老垂死，只剩下一丝微弱的气息。形容衰老的人即将死亡或腐朽的事物即将没落。

"水有源，木有根"

比喻事物都有起因或本源。

"水流千里归大海"

水最终要流入大海。比喻自然规律不可违背。

"水流河涨，风来树动"

比喻事物有因果关系。

"毛羽未成，不可高飞"

小鸟的羽毛未长满，不会远走高飞。比喻人要根据自己能力大小行事。

"风有风头，雨有雨头"

头：开始。比喻什么事物都有一个开始。提醒人们遇事要从头开始，扎扎实实地向前迈进。

"方木头不滚，圆木头不稳"

形容要针对人和事物的特点行事，取长补短，充分发挥优势。

"以子之矛，攻子之盾"

矛：长矛，古代用来攻击敌人的武器。比喻用对方的观点、方法或言论来驳倒对方。

"玉不琢，不成器；人不磨，不成才"

琢：雕刻。比喻人的才能是在艰苦的磨炼中造就的。

"打铁看火色，说话看脸色"
"打铁观火候，说话看脸色"

形容与人交往要察言观色，根据对方的表现谨慎对待。

"打铁要自己把钳，种地要亲自下田"

形容遇事要亲自动手，不要依赖他人。

"打锣卖糖，各干一行"

形容各人干自己所擅长的工作。

"打落牙齿和血吞"

和：混合。牙齿被人打掉，和着血一块吞下肚。比喻吃了亏，不让别人知道。也比喻失败了还坚持做好汉。

"功到自然成"

功：功夫；成：成功。只要功夫到家，自然获得成功。多用于勉励人认真办事，不要急于求成。

"功不成，名不就"

就：成。比喻事情没有办好。

"左手画圆，右手画方"

形容用心不专。

"平时不烧香，急时抱佛脚"

比喻平日不积极努力，做好准备，事到临头才仓促设法应对。

"东一榔头，西一棒子"

比喻说话、做事没有条理、不按章法、没有明确的目标。

"鸟笨先飞早入林，人勤学习早入门"

比喻能力差的人只要提前行动，比别人多下苦功，就会比别人有更大的收获。

"宁叫钱吃亏，莫叫人吃亏"

宁愿钱财遭受损失，也要确保人的安全健康。

"宁可不识字，不可不识人"

比喻知道人的善恶美丑比识字的意义更大。

"让礼一寸，得礼一尺"

比喻你尊敬别人，别人会更进一步尊敬你。

"幼年学习记得深，好比石上刻道印"

青少年时期精力充沛，记忆力强，学到的东西记得牢固，犹如石头上刻道印记。

"幼木长成材，能为栋梁柱"

栋梁是房屋的正梁，这里是指担负国家重任的人。比喻小孩子经过教育培养，能成为担负国家重任之材。

"幼功好，演到老"
比喻戏曲演员年轻时把功夫练好，一辈子都能发挥作用。

"过了这个村，没有这个店"
比喻机会难得。

"在人矮檐下，怎敢不低头"
比喻受别人牵制，只得顺从。

"百船出港，一船领头"
形容一个集体或单位中都要有一个带头的人。

"百事宜早不宜迟"
比喻做事要抓紧时间，早动手比晚动手好。

"成事不说，遂事不谏"
遂：完成；谏：劝说，挽救。已做过的事不必再解释了，已经完成的事不便再挽救或不再劝说了。

"成人不自在，自在不成人"
成人：成为有成就的人；自在：悠闲安逸。比喻若要建功立业，必须努力奋斗，不可贪图安乐。

"师傅领进门，学艺在自身"
"师傅领进门，修行在个人"
师傅只能把徒弟引导入这个行业，要真正学到过硬的技术还得靠徒弟自己去刻苦钻研。

"当断不断，反受其乱"
提醒人们处理问题要当机立断，否则会因此招惹麻烦。

"当一天和尚撞一天钟"
比喻做事敷衍，得过且过。

"当面握手，背后踢脚"

形容当面友好，背后整人。

"丢下耙儿弄扫帚"

放下这样，又做那样。比喻事情总做不完。

"任凭风浪起，稳坐钓鱼船"

比喻不管发生什么事，仍旧从容坚定，若无其事。多指不怕任何风浪。

"自家的心事自得知，神仙难知别人事"

自己的心事只有自己才明白，即使神仙也难以知道。

"自己的梦自己圆"

形容自己的事要自己完成，不要依赖别人。

"行行出状元"

状元：科举时代殿试第一名，比喻精通某种事物的人。形容无论做哪一行都能做出优异的成绩，成为名家能手。

"会看的看门道，不会看的看热闹"

指外行只会看表面的热闹，内行才能看懂其中心奥秘。

"杀人须见血，救人须救彻"

比喻做事一定要做到底，得出结果。

"杀鸡焉能用牛刀"

焉：疑问代词，怎能。杀鸡怎能用得上宰牛的刀。比喻小题大做或大材小用。

"创业难，守业更难"

创立功业是很难的，但要继承和守住则更难。

"衣不如新，人不如旧"

形容衣服新比旧好，但知心的人却是交往久远的故旧最好。

"衣长沾露水，舌长惹是非"

形容说闲话容易招惹是非。

"好话说千遍，不如亲手干"

指好听的话说得再多，也不如自己亲自动手干。

"买卖买卖，两头情愿"

比喻做买卖要双方都心甘情愿才能做成。

"运用之妙，存乎一心"

意思是运用得灵活巧妙，全在于细心思考。

"劳动人民两只手，自力更生样样有"

只要自力更生，勤劳肯干，就能丰衣足食，不愁吃穿。

"劳动是幸福的右手，节约是幸福的左手"

幸福是靠勤奋和节俭创造的。

"两耳不闻窗外事，一心专读圣贤书"

闻：听见。原形容科举时代的读书人，关在屋里一心读书，不问世事。后也比喻有的知识分子一心钻研业务，不问其他。

"来者不惧，惧者不来"

来的人不怕，怕的人不来。

"困难是石头，办法是锤头，锤头打石头，困难低下头"

比喻遇到困难时，要开动脑筋，只要狠下功夫，最终将会战胜困难。

"牡丹虽好，也要绿叶扶持"

牡丹虽然好看，但也离不开绿叶的衬托。形容能力强的人也有依靠别人帮助的时候。

"你走你的阳关道，我过我的独木桥"

阳关道：原指经过阳关（今甘肃省敦煌市西南）通向西域的大

道，后泛指通行便利的大路，比喻有光明前途的道路；独木桥：用一根木头搭成的桥，比喻艰难的途径。形容各干各的，互不影响。

"你有千般计，我有老主意"
不管你怎么说，我都不会改变主意，放弃原则。

"你有门方，我有对子"
比喻有对付的办法。

"饭要一口一口地吃，路要一步一步地走"
形容做事按部就班，不能盲目冒进。

"这山望着那山高"
"这山望着那山高，到了那山没柴烧"
形容不知足，见异思迁，觉得眼前的环境、工作、生活都不如别处的好。

"快刀斩乱麻"
比喻做事果断、有效地解决复杂的问题。

"快刀不磨要生锈，胸膛不挺背要驼"
比喻要与时俱进，不能懒惰。

"穷则变，变则通"
穷：穷尽。事物发展到了极点就要发生变化，变化后就又继续向前发展。

"灵禽在后，笨鸟先飞"
机灵的鸟起步晚也会赶在前面，迟钝的鸟因为动作慢总是提前起飞。比喻能力差的人遇事往往要先行一步。

"鸡蛋里找骨头"
比喻故意挑剔。

"事业搞好，先要志高"

"事业要搞好，先要立志高"

远大的志向是干一番事业的先决条件。

"事出有因，查无实据"

某个案件的产生有其原因，但却查不到切实的罪证。

"到什么山唱什么歌"

比喻根据实际情况办事。

"钓大鱼离不了长竹竿"

钓大鱼要用长竹竿。比喻高效益必须要有高投入。

"知二五而不知十"

形容只知道问题某一方面，而不知道全面看问题。

"知其然而不知所以然"

然：这样，如此。知道这样，但不知道为什么这样。表示只知道事物的表面现象，但不知道事物的本质和产生的原因。

"兔子不吃窝边草"

兔子为了掩护自己不吃窝边的杂草。比喻坏人迫于在住地生存，不敢轻易在周边作案。

"狗熊嘴大啃地瓜，麻雀嘴小啄芝麻"

能力有大有小。提醒人们做事不要超过自己力所能及的范围。

"狗急跳墙，人急悬梁"

狗被追急了会跳墙而逃，人走投无路时会急得上吊自杀。比喻人在危急时可能会不顾一切蛮干。

"夜长梦多，好事多磨"

比喻时间长了会有变化，形容好事要常常经过许多周折才能成功。

"单丝不成线，独木难成舟"

"单人不成阵，独木不成林"

"单丝不成线，孤树不成林"

形容个人的力量很小，难以成就大业。

"单丝不线，孤掌难鸣"

一根丝不能搓成线，一个巴掌拍不响。比喻力量孤单，不能成事。

"学如不及，犹恐失之"

学习好像追赶什么，总怕追不上，赶上了又怕被甩掉。形容学习勤奋，进取心强。

"学然后知不足，教然后才知困"

学习以后才知道自己的不足，经过教授以后才知道自己的知识肤浅、困惑。

"学非所用，用非所学"

所学的不是实际工作所用的，所应用的又没有学。

"学而不思则罔，思而不学则殆"

罔：迷惑而无所得；殆：通假"怠"，精神疲倦而无所得。只读书不思考，就会望文生义，迷惑而无所得；只思考不读书，就会精神疲倦而无所得。

"学而时习之"

指学习之后经常复习。

"学得薄技在手，胜似腰缠万贯"

贯：古时的钱制，用绳子穿上，每一千个叫一贯。比喻学一样小手艺可以做工挣钱不断创造收入，比拥有万贯钱财强。

"学木匠先凿空，学铁匠先打钉"

比喻学习技术要从基础着手，先练好基本功，再循序渐进。

"终身让路，不枉百步"

枉：白白地，徒然。一辈子给别人让路。总计起来，也不会多走一百步冤枉路。比喻对人谦让不会有什么损失。

"春蚕到死丝方尽"
蚕虫吐丝结茧后自己死于茧中。比喻情深谊长，至死不渝。

"拾了芝麻，丢了西瓜"
比喻做事因小失大，得不偿失。

"要经商，走四方"
提醒商人在经营活动中要调查研究，掌握行情，抓住供求关系的各个环节。

"要学惊人艺，须下苦功夫"
要学到高超的本事，必须勤学苦练。

"砖连砖成墙，瓦连瓦成房"
比喻齐心合力就能建功立业。

"砍柴上山，捉鸟上树"
比喻做事要选准目标，不可盲目乱干。

"临阵磨枪，不快也光"
比喻遇到紧急问题，乘机应变也会收到一些效果。

"临时而惧，好谋而成"
提醒人们遇到问题要深思熟虑，谨慎行事才能获得成功。

"钢要用在刀刃上，钱要花在正路上"
比喻要用主要的精力去解决突出的问题。

"钢刀越磨越亮，智慧越积越广"
比喻人的知识要在实践中才能逐步积累起来。

"钢越烧越红，人越干越雄"
形容人在实践中积累的智慧将逐步增强，本领会越来越大。

"钢铁怕火炼，困难怕志坚"

只有坚强的意志才能战胜前进道路的重重困难。

"适百里者宿春粮"

适：往；宿：隔夜；春：春米，把谷类物的壳捣掉。远行的人要连夜春米备粮。指要做好准备工作。

"重打锣鼓另开张"

比喻重新开始，另起炉灶。

"饶人不是痴，过后得便宜"

对别人忍让并不是傻，日后会得到好处。

"狮象搏兔，皆用全力"

狮子、大象即使和兔子搏斗，也要全力以赴。形容事情无论大小都要认真对待，不掉以轻心。

"急火煮不出好饭"

提醒人们遇事要冷静，做事不得操之过急。

"急性子吃不得热汤圆"

刚起锅的汤圆温度高，急着吃会被烫到。比喻做事不要急于求成。

"眉毛胡子一把抓"

比喻做事不分轻重缓急。

"柔能制刚，弱能制强"

指柔弱的在一定的条件下也能克制刚强的。

"泰山不辞土，故能就其高；河海不择流，故能就其深"

泰山：古人以泰山为高山的代表，常用来比喻敬仰的人和重大的、有价值的事物；辞：拒绝；择：拣选。泰山不拒绝泥土，所以能成就它的高大；河海不挑剔小水流，所以能成就它那样的深广。

喻指任何伟大或成功的建立，都由于点滴的积累。也比喻气量宏大，能够包容一切。

"真心对真心，黄土变成金"
处理人际关系要真诚相待，以心换心，才能达到圆满的效果。

"造屋要架梁，撒网要抓纲"
纲：提网的总绳。比喻做事抓住主要环节，带动次要环节，就能取得成功。

"积土为山，积水为海"
把土堆起来可以成山，把水蓄起来可以成海。比喻积少成多。

"积羽沉舟，群轻折轴"
羽毛堆积多了，可以使船沉没；轻的东西堆得过多，可以压断车轴。比喻细小的东西汇集起来可以形成巨大的力量。也比喻小毛病积累多了也会产生大的祸患。

"爹死娘嫁人，各人管各人"
爹死娘出嫁，没依没靠，只能自力更生，独立生活。

"逢山开路，遇水搭桥"
形容不怕阻力，奋勇前进。

"高山低头，河水让路"
形容人民群众征服自然改造社会的伟力无穷。

"站有站相，坐有坐相，说有说相，吃有吃相"
"站没有站相，坐没有坐相，说没有说相，吃没有吃相"
提醒人们，在言语、行动中要注意自己的形象。

"海阔凭鱼跃，天高任鸟飞"
大海辽阔鱼群随意跳跃，天空广阔鸟儿随便飞翔。形容人在广阔的天地里大有施展自己才华的机会。

"海边岩石坚，不怕浪来颠"

形容立场坚定的人是不怕风吹浪打的。

"害人之心不可有，防人之心不可无"

在人际关系中不可损害别人，但却要随时提防别人伤害自己。

"读万卷书，行万里路"

提醒人们既要博览群书学习理论知识，又要学以致用努力参加社会实践，这样才能积累丰富的经验。

"读书破万卷，下笔如有神"

比喻读书多，知识丰富，写文章诗词时挥毫自如，犹如神助一般。

"读书要三到：心到、口到、眼到"

读书时要聚精会神，眼看、口读、心记三者并用，就能融会贯通，正确掌握书本的内容。

"读书百遍，其义自见"

见：通"现"，显现。反复地将书读熟，才能真正领会。

"理论来自实践，伟大出于平凡"

理论是实践经验的总结，伟大是在普通平凡中产生的。

"黄狸黑狸，得鼠者雄"

狸：狸子，也叫山猫；雄：杰出的，强有力的。比喻无论什么办法，能取得预期效果就是好办法。

"常在河边走，哪能不湿鞋"

"常在河边走，难免不湿鞋"

形容长期接触某种环境或人和事，难免不从中受到影响。

"眼睛不亮，到处上当"

观察能力差，分不清好坏，容易上当受骗。

"蛇无头而不行，鸟无翅而不飞"
比喻失去主脑或羽翼，就办不成事了。

"敏于事，慎于言"
敏：奋勉，努力；慎：谨慎，小心。办事要勤奋，说话要谨慎。

"偷鸡不成蚀把米"
蚀：损伤，亏缺。比喻想取巧成事反而吃了亏。

"得人钱财，与人消灾"
指得了别人的钱财，就要替人家办事。

"得什么病，吃什么药"
"得啥病，吃啥药"
形容处理问题要对症开方，抓住主要矛盾。

"船看风头，车看路"
行船要观察风向，开车要走正确的道路。指出行要处处留心。

"船到江心补漏迟"
船到了江心才想到补漏洞，为时已晚。比喻事先没有及早防备，临时补救，无济于事。

"船靠舵，帆靠风，利箭还要靠强弓"
提醒人们在事物的发展中要注意依靠外因的力量。

"欲人无闻，莫若勿言"
要想别人听不到，不如自己不要说出来。

"欲穷千里目，更上一层楼"
比喻站得越高，看得越远。

"欲人无知，莫若无为"
要想别人不知道，不如自己不去做。

"麻雀莫跟大雁飞"

提醒人们自己能力达不到的事不要做。

"渔人观水势，猎人观鸟飞"

指从事哪一行业，就会经常研究本行业内的实际问题。

"敢怒不敢言"

心里感到气愤，但迫于威势，不敢用言语表达出来。

"骑上虎背不怕虎"

比喻既然已在重要的岗位上，就要负起责任，勇于克服前进道路上的重重困难，不断前进。

"骑驴不知赶驴苦"

骑驴的人不知赶驴走路人的辛苦。比喻坐享其成的人，不知劳动者的辛苦。

"朝朝寒食，夜夜元宵"

形容天天都像过节一般。比喻生活豪华奢侈或无休止地寻欢作乐。

"焚林而田，竭泽而渔"

烧毁森林以猎取野兽，排干湖泽的水来捕鱼。形容只知道索取而不留后路，只贪图眼前的利益而不顾及长远。

"雁怕离群，人怕掉队"

大雁群飞时害怕失群，人们在集体行动时害怕掉队。比喻人怕脱离集体。

"赏花容易种花难"

观赏花十分容易，而种花却比较困难。比喻创业艰辛。

"赔了夫人又折兵"

《三国演义》中，东吴孙权想要蜀汉刘备归还荆州，都督周瑜出谋划策，将孙权妹谎说嫁给刘备，吴蜀联姻共同对付曹操，借以将刘备骗到东吴作人质，达到索回荆州之目的。刘备按诸葛亮的对策行动，到东吴成婚后同夫人逃出东吴。周瑜带兵追赶，又被诸葛亮的伏兵打败。人们因此讥笑周瑜"赔了夫人又折兵"。后以形容想占便宜，没有占到便宜反而受到重大损失。

"智者千虑，必有一失"

智者：聪明人。聪明的人在千百次的思考中，必定也有一次的差错。

"寒霜打死独根草，狂风难毁大树林"

大树林抗风能力强，再大的狂风也摧毁不了它。形容个人的能力有限，经不住外来强大的打击。

"强将手下无弱兵"

形容能干的人手下没有弱者。

"强龙不压地头蛇"

比喻实力强大者也难以对付地方势力。

"鼓足干劲，力争上游"

把劲头鼓得足足的，努力争取进入先进行列。

"鼓要打到点上，笛要吹到眼上"
"鼓要打到点子上，笛要吹到眼子上"

形容说话办事要有针对性，注意掌握关键环节。

"鼓不敲不响，话不说不明"

心里有话就说，要让别人明白你的想法。

"搬起石头砸自己的脚"

形容本来要想损害别人，不料弄巧成拙，反而危害到自己。也形容自作自受。

"蓬生麻中，不扶而直"

蓬草生长在麻丛里，不用扶持它就能挺直。比喻人生活在好的环境受到好的影响，能够健康成长。

"雷声大，雨点小"

比喻声势造得很大，实际行动很少。

"愚者千虑，必有一得"

愚钝的人经过多次思考总有一点可取之处。常用作谦辞，比喻自己的见解。

"跳进黄河也洗不清"

比喻无辜受累蒙上恶名而无法表白。

"路靠人走，地靠人种"

比喻事物的潜在力量要靠人的作用才能发挥。

"路不走长草，刀不磨生锈"

比喻人要经常反思、反省，才能不断进步。

"置之死地而后快"

恨不得把人弄死才感到痛快。形容心肠狠毒。

"躲得了和尚躲不了庙"

比喻虽一时躲避，但最终还是不能根本脱身。

"解铃还须系铃人"

后用以形容谁招惹的事，仍由谁去处理。

"新官上任三把火"

官员上任之初，为表现自己的本事，往往要做几件有影响力的事。

"新来乍到，摸不着锅灶"

乍：起初。形容刚到一个地方什么都不知道，不知该从何处下手。

"寝不安席，食不甘味"

甘味：味道好。吃不下饭，睡不着觉。比喻心中有事，坐卧不安。

"谨开口，慢开言"

比喻遇人遇事要谦虚谨慎，不要盲目发表尚未考虑成熟的意见。

"福无双至，祸不单行"

"福不重至，祸必重来"

比喻幸运的事不会接连而来，而祸害却能接踵而至。

"媳妇多了，婆婆做事"

比喻人浮于事，互相推诿。

"墙倒众人推，鼓破众人捶"

捶：敲打。比喻人一旦失势，众人都会欺负和攻击他。

"墙头草，风吹两边倒"

生长在墙头上的野草，随风飘摇。比喻人的立场不坚定，根据势力强弱改变。

"旗开得胜，马到成功"

令旗一挥，战马一到，就打了胜仗。形容战斗非常顺利地取得了胜利。也比喻事情一开始就获得成功。

"滴水成河，粒米成箩"

"滴水成河，积少成多"

箩：盛米的竹筐。一滴一滴水汇集起来能成江河，一粒一粒米集聚起来能装满箩筐。比喻积少成多。

"嫩姜没有老姜辣"

形容老年人见多识广，经验丰富。

"慧眼识英雄"

慧眼：聪慧的眼睛。比喻观察能力强的人善于发现人才。

"聪明一世，糊涂一时"

比喻聪明人也难免做错事。

"横吹笛子竖吹箫"

比喻做事或解决问题要抓住事物的关键所在，有针对性地加以处理。

"横挑鼻子竖挑眼"

形容百般挑剔。

"螳螂捕蝉，黄雀在后"

螳螂捕捉知了，却不知背后有黄雀等着要啄自己。比喻贪图眼前利益时，不知道有人正在算计他。

"癞蛤蟆想吃天鹅肉"

地上爬的蟾蜍想吃在空中飞翔的天鹅。形容自不量力，痴心妄想。

家庭生活篇

"一日之计在于晨，一年之计在于春，一生之计在于勤"

一天的计划在于早晨的决定，一年的计划在于春天的决定，一生的计划在于勤劳的决定。

"一日叫娘，终身是母"

一旦称呼某人一声娘，就永远把她当作母亲看待。

"一日夫妻百日恩，百日夫妻似海深"

一旦结为夫妻，就有深厚恩情。

"一勤天下无难事"

一个人只要勤奋刻苦，就没有闯不过的难关。

"一树之果，有酸有甜；一母之子，有愚有贤"

愚：愚蠢；贤：有才能。在同一条件下成长的同胞兄弟在性格和才能上有很大的差距。

"一个姑娘小喘气，十个姑娘一台戏"

"三个女人一台戏"

形容女人们聚在一起就会说说笑笑，十分热闹。

"一家不知一家，和尚不知道家"

意思是各人有各人的具体情况，别人不知道。

"一家门口一个天"

指各家的生活习惯和处事方法都不一样。

"一家有女百家求"

一家女儿长大了未定聘，就会有许多人家上门求亲。

"一家盖不起夫子庙，一日造不起洛阳桥"

夫子庙：供奉以孔子为代表的儒家先贤及其门徒的庙宇；洛阳桥：在福建省泉州市，是我国著名的石桥。意思是说大的事业少数人是完不成的，需要众人齐心协力，用一定时间才能完成。

"一马不鞴双鞍，一女不嫁二夫"

鞴：把鞍鞯等套在马上；鞍：套在骡马等牲口背上驮东西或供人骑坐的器具。意为一匹马不可套两副鞍鞯，（封建社会中）一个女人结婚后不能改嫁，要从一而终。

"一日不多，十日许多"

"一年不多，十年许多"

一天节省的不多，十天节省下来就不少了；一年节省的不多，十年节省下来的就很多了。

"一天省一把，十年买匹马"

意思是只要长期坚持厉行节约，一天天地积少成多，积累起来的财富就可以办大事。

"一夜不宿，十夜不足"

意思是一个晚上不休息，影响了身体健康，十个晚上都补不回来。提醒人们要养成好的生活规律。

"一米养出百样人"

意思是在同样的生活条件下成长起来的人，在兴趣爱好上往往会有一定的差异。

"一根肠子通到底"

比喻性格开朗直爽。

"一句好话三冬暖"

听了一句和气的、体贴人心的话令人觉得心情舒畅，即使在严寒之中也感到浑身暖和。

"一副毒药，一副解药"

指事物总是对立统一的，有毒药也会有解毒的药。

"一分钱，一分货"

商品是等价交换之物，质量与价格是成正比的。

"一俊遮百丑"

比喻一件好的事情掩盖了许多丑陋的事。

"一醉解千愁，酒醒愁更愁"

喝酒虽然能消解一时的忧愁，但没有从根本上解决产生烦恼的原因。酒醒过后，长期在工作、生活中积累起来烦恼，会使人觉得更加痛苦。提醒人们要用正确的方法排忧解难。

"一家有一主，一庙有一神"

指每个地方都有当家主事的人，就像每座庙都有一个神像一样。

"一时比不得一时"

时代是在发展变化的，眼前的事不能用以前的标准来衡量。

"一年土，二年洋，三年不认爹和娘"

喻指有一些农村青年到城市后，忘了本，连爹娘都不认了。

"一登龙门，身价十倍"

传说鲤鱼跃过龙门就变成龙。比喻中举、升官等飞黄腾达。

"一人飞升，仙及鸡犬"

"一人得道，鸡犬升天"

比喻一个人得势，同他有关系的人都跟着得势。

"十月怀胎，一朝分娩"

指一个小孩的出生经过母亲十个月的孕育过程。意指事物的产生都要经过一个孕育的过程。

"十月怀胎，三年乳哺"

一个婴儿在母亲的体内要孕育十个月才能出生，而出生后则要哺养三年。说明母亲养儿育女非常辛苦。

"十个孩子九随母"

孩子成长中受母亲的影响最大，长大后生活习惯和兴趣爱好往往与母亲相似。

"十八、二十三，赛过牡丹"

喻指 18～23 岁这个年龄段的女子容貌最美。

"七坐八爬，九个月长獠牙"

獠牙：外露的长牙。喻指婴儿 7～9 个月的发育特征。

"八百买仓，千金买邻"

意指邻居关系非常珍贵，要和睦相处。

"人非草木，孰能无情"

孰：谁。人是感情动物，容易为外界事物所打动，不同于草木，没有感情。

"人不知亲穷知亲，心不知近苦知近"

人在平常感觉不到和谁亲近，而在贫困和受苦时，遇到别人帮助，就能感觉到谁和自己亲近了。

"人行千里，处处为家"

人离开家乡远行，要以四海为家。

"人不可有的是病，人不可无的是勤"

意指一个人要避免有多病缠身的身体和懒惰的行为。

"人想人，愁煞人"

煞：极，很。指思念见不到的人，是最愁苦无奈的事情。

"人有生死，物有毁坏"

人有死亡之时，东西有损坏之时，这是一个自然规律。

"人有前后眼，富贵一千年"

指人做事倘能借鉴过去，远瞻未来，不只看眼前利益，就能长久地享受富贵，无灾无祸。

"人在屋檐下，哪能不低头"

"人在屋檐下，怎能不低头"

"人在矮屋下，怎么不低头"

自己在别人的制约之下，只能低头屈服。

"人有七贫八富"

喻指人的富贵贫困不是固定不变的。

"人有高低，货有贵贱"

人的能力有高有低，货物有好有坏。

"人不亲土亲，河不亲水亲"

喻指同乡人之间的感情总是亲近的。

"人穷志短，马瘦毛长"

人穷困了往往缺少志气，就像马瘦了显得毛长。

"儿行千里母担忧"

儿女出门在外，做母亲的心里总是非常牵挂。形容母爱非常深厚。

"儿大不由娘"

"儿大不由爷"

儿女长大了，由不得父母作主。

"刀剑天下舞，命活九十五"

指一个人只要坚持天天锻炼身体，就会健康长寿。

"三十而娶，二十而嫁"

男人到了三十岁、女人到二十岁的时候就该结婚成家，生儿育女。

"三百六十病，唯有相思苦"

相思病是指男女间相互爱恋而又无法接近所引起的思念。这种在感情上高度忧愁而引发的疾病常常令人特别痛苦。

"三分病，七分养"

"三分吃药，七分调养"

调养：用合理调节饮食起居的办法来恢复身体的健康，配合药物治疗。意指对某些慢性疾病而言，调养往往比吃药更重要。

"三百六十行，行行吃饭着衣裳"

不管干哪一行，都是为了吃饭穿衣。

"三杯和万事，一醉解千愁"

喝酒以后什么问题都可以得到解决，再多烦恼伤心的事也会随着酒醉而化解。

"才子佳人，一双两好"

才子：特别有才华的人；佳人：美女。意指才子和美女结为夫妻最美满。

"寸丝为定"

定：订婚的礼物。即使用不值钱的一寸丝线作订婚的信物，也不能反悔、更改。

"丈母娘看女婿，越看越好看"

作为母亲特别喜欢女儿，因此对女儿的丈夫的感情也很深厚。

"大不欺小，壮不欺老"

成年人不能欺负幼童，年轻力壮的人不能欺负体弱的老人。

"大杖则走，小杖则受"

指轻打就忍受过去，重打就逃走。旧时认为，这是子女受到父母惩罚时应有的态度。

"万两黄金未为贵，一家安乐值钱多"

指一家人的平安快乐比万两黄金还珍贵。

"上床萝卜，下床姜"

晚上吃萝卜，早上吃生姜，有益于开胃健脾，对人体的健康有好处。

"小儿要得安，受些饥与寒"

要使小孩健康，不能让其吃得太饱、穿得太暖。

"小舅小叔，相追相逐"

意思是辈分不相同而年龄差不多的孩子，因为他们的兴趣爱好相似，仍然能在一起无拘束地嬉戏玩耍。

"小时不防，大了跳墙"

"小时偷针，大时偷金"

"小孩不能惯，一惯定大乱"

提醒家长对子女的教育要从小时候抓起，严防孩子养成恶习给社会造成危害。

"小孩盼过年，大人愁腊月"

旧社会贫困人家平常缺衣少吃，过年时才给孩子吃好东西、穿新衣服，小孩们总是盼望早点过年；而大人们则常常在年关的腊月，因为天气寒冷和无钱筹办年货而发愁难过。

"小孩哭大，葫芦吊大"

比喻婴儿啼哭是一种有益的运动，是正常现象。

"山中常有千年树，世上难逢百岁人"

山上常生长着千年的古树，而人间的百岁老人却很少。

"久别胜新婚"

久别的夫妻重逢时特别亲热，有像刚结婚一样的感觉。

"久病床前无孝子"

久病的父母让儿女辛勤伺候时间久了，儿女们已筋疲力尽，即使孝子也有些力不从心了。

"女大不中留"

"女大不中留，留来留去结冤仇"

不中：不宜，不适合。意指女孩到了结婚的年龄时应出嫁结婚，不宜继续留在娘家。

"女大十八变，越变越好看"

"女大十八变，变做观音面"

女孩子随年龄的增长和发育的成熟，体形越来越俏丽，显得更加漂亮。

"女儿是母亲的影子"

因遗传因素和长期相处的影响，女儿的长相和性格常常与母亲相似。

"女大自巧，狗大自咬"

女孩子随着年龄的增长自然会越来越心灵手巧；小狗长大了，自己知道吠叫，这是生物发展的自然规律。

"马老腿慢，人老嘴慢"

马老力气小了，行动自然缓慢；人老了思维迟钝，说话自然缓慢。

"丰年珠宝，俭年谷粟"

丰收之年衣足饭饱，人们看重珠宝美玉；歉收之年最重要的是温饱问题，只有粮食最重要。比喻物的贵贱，因情况的变化而有所不同。

"天下无不是的父母"

父母养育儿女，千辛万苦，恩德巨大，当儿女的对父母的缺点应当谅解，借以报答养育之恩。

"不是一家人，不进一家门"

只有兴趣爱好相同、为人处事的方式相近的人才能处在一起。

"不看家中妻，单看身上衣"

一个男人的衣着往往跟妻子紧密相关，看到男人穿的衣服就可以发现他的妻子是否善于料理家务。

"不是冤家不聚头"

指仇人或不愿意相见的人偏偏相逢，无可回避。形容仇人不可避免相见，也指亲近或相爱的人在一起，是前世注定的缘分。

"不恋故乡生处好，受恩深处便为家"

既已身处在外，就不该去留恋故乡，应该把受人大恩的地方当作家一样看待。

"不愿金玉富，但愿子孙贤"

一个家庭不一定永远都富有，因此，不必去期盼自家财产的多少；子孙后代的贤德，其影响是久远的，才值得人们去永远地期盼。

"不痴不聋，不成姑公"

姑公：婆婆、公公。如果不装傻装聋，就难以当上婆婆公公。指公婆对儿子媳妇闺房争吵的事要装聋作哑。也指对某些小事不必过分明察。

"犬守夜，鸡司晨"

守夜：夜间守卫家门；司晨：早上打鸣。狗在黑夜看守家门，公鸡则在黎明时报晓。比喻各司其职。

"少壮不努力，老大徒伤悲"

老大：年岁大了；徒：白白地。年轻时不奋发学习或工作，到了老年悲伤也没用了。

"日计不足，岁计有余"

每天都注意计算点点节余，年关时累计起来也是不少的。比喻积少成多。

"日子若要过得好，老少三辈无大小"

一个家庭只要团结、勤奋，日子一定会越过越好。

"日里满街打话，晚上点灯绩麻"

"日里沿街吃茶，夜里点灯剥麻"

日里：白天；打话：说闲话；绩麻：将麻纤维搓成麻线。白天聊天不干活，晚上却违背常规点着灯搓麻线，干着白天该干的活。形容不安于学业、事业的人不会有所成就。

"日图三餐，夜图一宿，无量福寿"

一日三餐吃饱喝足，晚上睡觉充足，一定会健康长寿。

"日有所思，夜有所梦"

夜里做梦是与白天思考的问题有联系。

"手心手背都是肉"

喻指处理亲朋好友间的问题要一视同仁，公平对待。

"父母在，不远游"

父母年迈需要儿女的照料，即使有事情出门也要把家里的一切安排好才出去。

"父慈子孝，兄亲弟恭"

父母疼爱子女，子女也会孝敬父母；兄长亲近弟弟，弟弟也会尊敬兄长。

"月是故乡明"

长久在外的人因思念故乡，便认为故乡什么都好，好像月亮都更明亮。

"丑媳妇总要见公婆"

"丑媳妇少不得见公婆"

比喻隐藏不住，总要露面。

"未晚先投宿，鸡鸣早看天"

指外出旅行时，天未黑就应把住宿的事安排好；早晨鸡叫时要注意观测天气，这样旅途才会平安。

"巧妇难为无米之炊"

再能干的妇女，没有米面也做不出饭食来。比喻缺少必要的条件，事情不可能办成功。

"龙生龙，凤生凤"

龙：古代传说中一种能兴云作雨的神异动物，封建社会中龙为皇帝的象征；凤：传说中的鸟王。形容家庭环境对人的影响。

"冬吃萝卜，夏吃姜，不劳医生开药方"

萝卜有助消化，姜有解毒、开胃的功能。冬天多吃萝卜，夏天多吃生姜，有促进身体健康的作用，这样也就不用看病吃药了。

"宁和人家比种田，不和人家比过年"

"宁可与人比种田，不与人家赛过年"

提醒人们可以在辛勤劳动方面与别人比较，却不能在享受方面与别人去攀比。

"宁恼远亲，不恼近邻"

邻里关系比远亲还重要，要和睦相处，尽量避免不愉快的事发生。

"宁作孤凰，不为双凤"

比喻找伴侣不能马虎凑合，没有合心的，即使一个人过也比滥竽充数强。

"宁拆十座庙，不破一门婚"

恩爱的夫妻来之不易，宁可去拆多座庙宇得罪菩萨，也不能去破坏一桩美满的婚姻。

"宁可自食其力，不可坐吃山空"

指要用自己的辛勤劳动来养活自己，如果不劳而获，即便家里财产堆积如山，时间久了也会吃穷。

"宁吃开眉粥，不吃皱眉饭"

开眉：心情舒畅；皱眉：愁眉苦脸。宁在心情舒畅的贫苦家庭过艰苦的生活，也不愿在愁眉苦脸的家庭过富裕的日子。

"宁挑千斤担，不抱肉疙瘩"

肉疙瘩：指婴儿。比喻养育小孩千辛万苦，责任重大，比挑千斤的重担还困难。

"宁做贫人妻，莫做富人妾"

"宁为穷人补破衣，不给富人当妻妾"

妾：指旧社会富家男子在妻子以外娶的女子，俗称小老婆。意指宁在穷人家当妻子，也不在富人家做妾。

"宁在家相对贫，不愿天涯金绕身"

宁可在家与家人团聚过同甘共苦的生活，也不愿意孤独地一人在外去发财致富。

"宁做辛勤的蜜蜂，不做悠闲的知了"

知了：蝉的别称，因其叫的声音像"知了"而得名。比喻做人要像蜜蜂一样辛勤劳动过日子。

"宁恋本乡一捻土，莫爱他乡万两金"

提醒人们要珍爱家乡故土，不要去外边贪图富贵。

"出外一里，不如屋里"

出外不远，也不如在家里好。

"出门问路，入乡随俗"

出门身处异乡，要注意了解和遵守所到之处的风俗习惯，以免引起矛盾。

"出门看天色，进门看脸色"
"出门看天色，进门看眼色"
指外出时要根据天气来准备行装，进别人家时要看主人是否欢迎确定去留。

"老年好述远事"
"老人好讲远事"
人老了乐于怀旧，总喜欢向身边的人讲述久远的往事。

"老要风流，少要本分"
"老要癫狂，少要稳重"
老年人的行动要积极活泼，年轻人则宜沉着稳重。

"老健春寒秋后热"
人老了生存能力已很脆弱，就像春天的寒冷、秋后的余热那样非常短暂。

"老骥伏枥，志在千里"
骥：好马；枥：马槽。比喻有志的人虽年老而仍有雄心壮志。

"老嫂比母，小叔比儿"
小叔：是对丈夫兄弟的俗称。指母亲过世后，嫂子要像母亲那样关爱丈夫的兄弟。

"老子偷瓜盗果，儿子杀人放火"
比喻长辈要处处给晚辈做榜样，否则会影响晚辈的行为，造成不良后果。

"老吾老，以及人之老；幼吾幼，以及人之幼"
孝敬自己的长辈，从而推广到尊敬其他长辈；爱护自家小孩，从而推广到爱护别人家的小孩。

"在家千日好，出门一时难"

"在家千日好，外出片刻难"

"在家千般好，出门事事难"

在家里事事方便，出门在外时间虽短，但总觉得困难重重，很不方便。

"在家一棵草，出门一块宝"

指有的人觉得待在家里无所作为，出门在外却能施展自己的才能，实现自己的价值。

"在一方，吃一方"

人在异乡，走到何方，都得依靠当地的生活条件过日子。

"在家敬父母，何用远烧香"

提醒人们父母就在身边是孝敬的最好对象，不必舍近求远去外地烧香拜佛。

"有儿靠儿，无儿靠婿"

有儿子依靠儿子，没有儿子则依靠女婿。

"有钱难买老来瘦"

老年人身体瘦一些反而对身体的健康有好处。

"有钱难买子孙贤"

说明子孙贤德是无价之宝，非常可贵。

"有其父必有其子，有其母必有其女"

父母的行为对子女影响很大。提醒父母要谨小慎微，处处给子女树立良好的榜样。

"有钱有权有成功，没有身体一场空"

形容健康的身体十分重要。

"至爱莫如夫妻"

喻指最深厚的感情是夫妻间的感情。

"至亲莫如父子"

意指最亲密的关系是父子间的关系。

"当面教子，背后教妻"

可以在外人面前教育子女，却只能背着外人教育妻子。

"当家才知柴米贵"

喻指只有料理生活的当家人，才清楚家庭开支有多大。

"当家三年狗也嫌"

喻指当家管事的人，容易引起别人厌烦。

"吃酒不吃菜，定会醉得快"

喝酒时吃菜，有利于醒酒；喝酒时不吃菜，容易醉倒。

"吃药不对方，哪怕使船装"

治病一定要对症吃药，否则哪怕是吃一船的药也没有用。

"吃药不忌口，郎中跟着走"

治病吃药时要根据病情需要禁食某些食物，否则治不好病。

"吃饭先喝汤，不用开药方"

饭前先喝一碗汤，有助于消化，身体健康不生病，也不必请医生看病了。

"吃饭不歇，两气不接"

吃饭不能太快，否则上气不接下气，身体不舒服。

"吃饭不忘农人苦，穿衣不忘工人忙"

粮食是农民辛勤劳动换来的，吃饭不能忘掉种粮的艰辛；衣服是工人用工制作的，穿上衣服时不能忘掉工人的忙碌。

"吃八分饱，睡十分够"

吃饭不能太饱，但睡觉却要睡够时间。

"吃饱就睡觉，犹如吃毒药"

吃饱饭就睡觉，不利于饮食消化，就好像吃了毒药一般，对人们健康没有好处。

"吃遍天下数盐好，走遍天下数娘好"

吃尽天下食物，只有放盐的才好吃；走遍天下看到的，只有娘对儿女最好。

"吃葱吃白胖，吃瓜吃黄亮"

吃葱宜选白色粗壮的，吃瓜宜选色泽光亮的。

"吃穿当时，活到九十"

人只要吃穿适度，就可健康长寿。

"吃不穷，穿不穷，不会计划一世穷"

意思是说合理的计划安排对人的一生十分重要。

"吃五谷杂粮，保不住不生病"

五谷：指稻、黍、稷、麦、菽。人吃五谷杂粮，难免生病。

"吃饭须知耕种苦，着丝应记养蚕人"

着：穿。提醒人们要珍惜劳动成果，吃饭穿衣时要想着农民和工人的艰辛。

"吃萝卜，喝热茶，大夫改行拿钉耙"

经常吃萝卜、喝热茶可以促进身体健康，少得疾病，医生也只好改行了。

"吃喝定量，身体强壮"

人一天的吃喝只要做到定时定量，就能更加健康。

"吃了省钱瓜，得了绞肠痧"

绞肠痧：中医指腹部剧痛。提醒人们吃东西不能贪图便宜，否则吃了变质食物会引发疾病。

"吃药不瞒郎中"

郎中：方言称中医大夫。提醒病人看病时，要将自己的病情全部告诉医生。

"吃药不如自我调养"

久病长期吃药之后，不宜吃更多药，应以适当加强体育锻炼，增强体质。

"吃上烟和酒，花费顶一口"

一个人抽烟、喝酒的消费跟其伙食费差不多。

"好女不穿嫁时衣"

"好男不吃婚时饭，好女不穿嫁时衣"

形容要自力更生过日子。

"远亲不如近邻"

"远亲不如近邻，近邻不如对门"

离得远的亲戚还不如住得近的邻居。喻指遇有急事，邻里之间可以相互帮助。

"远水不救近火"

"远水救不了近渴"

远处的水救不了近处的火。比喻用慢的办法救不了眼前的急难。

"远在天边，近在眼前"

要说远，在天边，要说近，在眼前。比喻事物就在眼前而没有发现。

"男大当婚，女大当嫁"

"男大须婚，女大须嫁"

男女到了结婚年龄，就要成家立业。

"男怕入错行，女怕嫁错郎"

"男怕选错行，女怕嫁错郎"

郎：女人对丈夫的称呼。意指男人害怕选错了职业，女人害怕选错了丈夫。

"男也懒，女也懒，下雨落雪翻白眼"

"男也懒，女也懒，三餐茶饭叫艰难"

喻指懒人遇到突发事件不知如何应付的窘相。

"男人三十一枝花，女人三十老人家"

"男人三十一枝花，女人三十豆腐渣"

男人在三十岁时正是年富力强、大干事业的时候，而女人三十岁时则已开始体弱衰老。

"男要俏，一身皂；女要俏，一身孝"

皂：黑色；孝：白色的孝衣。男人衣着黑色最好看，女人衣着白色最美丽。

"男怕穿靴，女怕戴帽"

穿靴：指腿脚浮肿；戴帽：指脸头浮肿。这些状态都是有疾病缠身的表现。

"男当下配，女望高门"

意指男女在选择配偶时，男子要找比自己条件差的女子，女子则应该找比自己条件好的男子。

"饭吃八分饱，少病无烦恼"

每餐不要吃得太饱，要给肚子留个两分的空间，这样才能健康长寿。

"饭后百步走，不用进药铺"

"饭后百步走，活到九十九"

吃过饭以后去散步，有助于消化和身体健康，不生病就不用去药铺买药。

"饭来张口，衣来伸手"

吃现成饭，穿现成衣。常用以比喻好吃懒做、坐享其成的懒惰样子。

"若要小儿安，常带三分饥与寒"

为了小孩子的健康，不能让其吃得太饱、穿得太暖。

"若要身体壮，饭菜嚼成浆"

意指吃饭时要细嚼慢咽，食物才容易消化吸收，有益于身体健康。

"知子莫如父"

没有像父亲那样了解儿子的。比喻父亲最了解儿子。

"金窝银窝，不如自己的穷窝"

喻指客居异地生活，环境再好，也没有在自己家里方便舒服。

"金花配银花，西葫芦配南瓜"

比喻选择配偶要注意双方条件相当。

"贫贱之知不可忘，糟糠之妻不下堂"

贫贱之知：贫困时的知心朋友；糟糠：酒糟和糠麸；糟糠之妻：贫困时共度患难的妻子。比喻过好日子时，不要忘记贫困时结交的好朋友，不要休弃贫贱时曾经共度患难的妻子。提醒人们要珍惜曾经患难与共的感情。

"贫不学俭，富不学奢"

俭：节俭；奢：奢侈。贫穷的人已养成了节省过日子的习惯，总知道节俭；富贵的人已过惯富裕的日子，自然总会奢侈。比喻人的思想行为受环境影响，习惯一旦养成难以改变。

"春鲢夏鲤，吃了不悔"

春天的鲢鱼、夏天的鲤鱼最肥最嫩，正是吃的最佳时间，错过了要后悔。

"树高千丈，落叶归根"

树长得再高，落叶还是要回到树根。比喻离开故土多年，最后还是要返回故土。

"树犹如此，人何以堪"

树木尚且凋落，人怎能不衰老。用以比喻人生的沧桑变化。

"要活九十九，每餐省一口"

老人的消化能力减弱，每餐吃得太多，容易引起消化不良。老人要想健康长寿，每顿饭吃八成饱就可以了。

"食不厌精，脍不厌细"

厌：满足；脍：切细的鱼、肉。粮食舂得越精越好，鱼肉切得越细越好。形容食物要精制细做。

"将怕阵前失马，人怕老来丧妻"

军队的指挥官最担心的是在战争中丢失自己的战马，人老丧妻没有伴，是非常悲伤凄凉的事。

"亲兄弟，明算账"

即使是同胞兄弟，但涉及财物问题时，账目上也要一清二楚，避免引起矛盾。泛指人际关系再亲密的人，在钱财上也必须清楚透明。

"亲是亲，财是财"

亲戚间遇到有关财物的问题，还是要账目清楚，以免影响亲情。

"亲友救急不救贫"

亲友间遇到天灾人祸一定要勇于慷慨解囊、鼎力相助；一般的贫困问题则应由自己努力。

"亲了割不断，假了绕不上"

真正的亲情，外界的压力是无法割断的，而虚情假意只能欺骗一时，不会长久。

"亲向亲，故向故"

亲：亲戚；向：偏袒；故：老朋友。亲戚朋友间总是互相关心、互相照顾。

"亲爹叔大，娘亲舅大"

爹娘不在时，叔叔和舅舅的地位最高。也表示爹娘去世后叔叔和舅舅要像爹娘一样尽自己的责任。

"养不教，父之过；教不严，师之惰"

培育儿女只养不教是做父亲的没有尽到责任，教育学生不严格则是老师的失职。

"养儿防老，积谷防饥"

意指养儿是为了避免老年没有依靠，积攒粮食则是为了灾荒之年不受饥饿。

"美不美，故乡水；亲不亲，故乡人"

家乡的水好，家乡的人好。比喻身处异乡人的思乡之情。

"破家值万贯，一搬三年穷"

破家：旧的家当；贯：古代的货币，用线将一千个穿在一起称为一贯。破旧家当能值万贯，搬家时一旦损坏，几年时间也难添置起来。

"破镜难重"

破镜：破裂的夫妻关系。打破的镜子不能重新修复。比喻破裂的夫妻关系难以恢复。

"破衫重破袄，巧锁配巧匙"

喻指穿破衫的看重穿破袄的人，就像好的锁能配上好的钥匙一样恰当。比喻同等地位的人，更为容易交流。

"积善之家，必有余庆"

积：积累；余庆：先代遗留下来的恩惠。比喻多行善举，必有后福。

"爹娘亲，娘舅亲，打断骨头连着筋"

比喻亲情关系是客观存在的，任何外力都不能隔断。

"爹有妈有，不如自己有"

父母有本事、有财富总是父母的，只有自己有本事才能创造财富，养活自己。

"爱妻爱子爱家庭，不爱身体等于零"

比喻保养身体非常重要。

"高不成，低不就"

就：迁就。高而合意的做不了或得不到；做得了，能得到的，又不合意、不肯做或不肯要。多用于比喻婚姻的蹉跎或谋求职业还没有着落。

"病从口入，祸从口出"

指生病往往是因为吃了不卫生的食物，而灾祸的发生则往往是由于说话不当引起的。

"疾风暴雨不入寡妇之门"

民间习俗认为，寡妇门前是非多。遇到再大的困难，也不要进寡妇家躲避，否则会引起流言蜚语。

"流水不腐，户枢不蠹"

户枢：门的转轴；蠹：蛀木的小虫，这里借指蛀虫。流动的水不会腐臭，转动的门轴不会被虫蛀蚀。比喻经常运动的事物不会受到外物的侵蚀，可以经久不坏。

"家和万事兴"

"家和万事成"

家庭和睦就会兴旺发达。

"家有千口，主事一人"

每家不论人口多少，都由一人全面掌控。也指办事都要有为首领头的人。

"家有老，是个宝"

"家有一老，如有一宝"

老人一生积累的经验十分可贵，既可帮助儿女操持家务，又可使儿女在生活、工作中少走弯路。

"家有梧桐树，不愁凤凰来"

传说凤凰乐于栖身在梧桐树上。比喻只要有合适的环境，就会吸引优秀人才前来。

"家有黄金千万两，堂前无子总徒劳"

意指家产再多，没有儿子继承家业也无济于事。

"家有万石粮，不如生个好儿郎"

喻指家产积攒再多，也比不上有一个孝顺、有出息的儿子重要。

"家大业大，浪费也垮"

家业再大，如果不注意计划开支，挥霍浪费也会被搞垮。

"家有千万，小处不可不算"

喻指家庭再富有，也要从细小的地方着手，精打细算地过日子。

"家有万贯，不如出个硬汉"

指家中再富有，不如出个能有所作为的人。

"家无主，屋倒竖"

家里没有一个会当家理事的人，这个家庭就会乱套。

"家有贤妻，丈夫不遭横事"

"家有贤妻，男儿不遭横祸"

横事：事故，灾祸。只要家里有个贤惠能干的妻子辅助，当丈夫的就能平安地过日子。

"家有一心，有钱买金；家有二心，无钱买针"

喻指全家齐心协力就能发家致富，否则会一无所有。

"家贫不是贫，路贫贫杀人"

在家里没钱花还可以将就过日子，如果身在旅途中，没有钱花就寸步难行，只好困在异乡。

"家法大不过王法"

王法：国家的法律。国家的法律是根本大法，家法家规也要服从于它。

"家富小儿娇"

指条件好的家庭往往对小孩尤为娇惯。

"家书抵万金"

一封家信，能抵很多的钱财。比喻家信来之不易，因而感到特别珍贵。

"家有敝帚，享之千金"

敝：破烂。自家的破扫帚也要受到较重的待遇。比喻对自己的事物极为珍视爱惜。

"家丑不可外扬"

家中的丑事不对外人说，不让外人知道。

"教妇初来，教儿婴孩"

指对一个人施加教育应该及时及早。

"野花上床，家败人亡"

男人乱搞男女关系会影响夫妻感情，会造成家破人亡。

"清官难断家务事"

清官：指廉洁公正的官吏。喻指家庭琐事复杂，清官也难判断谁是谁非。

"情人眼里出西施"

西施：战国时越国的美女。比喻情人之间因为感情很深，会觉得对方无处不美。

"落雨不爬高墩，穷人不攀高亲"

下雨时爬高墩容易滑倒受伤；有钱有势的人中常有看不起贫困的亲戚。

"落花有意，流水无情"

比喻一方有意，另一方无意。多指男女恋爱之事。

"朝练寅，夕练酉"

指锻炼身体的时间应在寅时（凌晨三至五时）及酉时（下午五至七时）。

"朝图一饱，晚图一觉"

人为了健康，希望早上能吃饱饭，晚上能睡好觉。

"朝喂猫，夜喂狗"

早晨将猫喂饱，让它养好精神，晚上好抓鼠；白天狗看家辛苦，晚上多喂一些食物，让它恢复体力。

"富贵他人合，贫贱亲戚离"

他人：外人；合：聚合。有钱有势的时候，不管相识不相识都来结识；贫困潦倒时，就连亲戚也不接近。比喻人情冷暖，嫌贫爱富。

"勤穿勤脱，强吃补药"

一个人的衣着要根据天气变化增减，这样即可避免生病吃药。

"勤俭不受穷，坐吃山也空"

辛勤劳动可以不断地创造财富，确保总是有吃有穿；而坐吃不做只能把已有的财富耗费精光。

"勤俭节约搞得好，摔掉穷根栽富苗"

辛勤节约既可以节省开支，又可以不断增加财富，是摆脱贫困最好的途径。

"勤耕苦做样样有，好吃懒做样样无"

辛勤劳动就会衣食无忧，而好吃懒做则只能是缺食少穿，穷不堪言。

"勤俭人好比针挑土，浪费就如浪淘沙"

"勤俭好比针挑土，浪费犹如水淘沙"

用勤劳和节俭的办法增加财富就像针挑土那样艰难，而挥霍金钱则像在水浪里淘沙那样一瞬间就耗费干净。

"勤俭的人用手，懒惰的人用嘴"

勤快的人乐于用自己的双手去创造财富，而懒惰的人则只知道坐吃山空。

"勤快的人汗水多，贪吃的人口水多"

指勤快的人总是因辛勤劳动而汗流满面，则好吃懒做的人则只道嘴馋。

"勤有功，嬉无益"

嬉：玩耍。只有辛勤工作，努力奋斗，才能获得成功；而嬉戏贪玩则只能一事无成，不会使自己得到任何的益处。

"勤是摇钱树，俭是聚宝盆"

一个人有了勤劳和简朴两只手，既能不断增加收入，又能紧缩开支，是发家致富的好途径。

"痴心女子负心汉"

形容痴迷于爱情的女子碰上无情的男子。

"满堂儿女，抵不得半席夫妻"

席：指用草、竹、篾编成的床垫。意指儿女再多也没有同甘共苦的夫妻重要。

"嫁鸡逐鸡，嫁犬逐犬"

"嫁鸡随鸡，嫁狗随狗"

逐：追随。比喻女子出嫁后，不管丈夫好坏，都要跟从一辈子。

"愿天下有情人终成眷属"

真心相爱的男女一定会结婚成家，成为相依为命的眷属。

"管住嘴，迈开腿"

为了身体健康，吃东西时要掌握好食量，而且还要勤于锻炼身体。

"稻在田里热了笑，人在屋里热了跳"

大暑期间，长江流域的许多地方，经常出现 40℃ 的高温天气。虽然高温有利于稻谷的抽穗扬花、灌浆结实和喜温作物的生长，却给人们的生活和工作造成一定的影响，还容易中暑。因此，这时要做好防暑降温的准备。

民俗风情篇

"一打春牛头，国泰民安；二打春牛腰，风调雨顺；三打春牛尾，五谷丰登"

"一打风调雨顺，二打地肥土暄，三打三阳开泰，四打四季平安，五打五谷丰登，六打六合同春"

古时立春日官府在举办打春礼，打春牛时用的唱词。

"一月兰花神屈原，二月梅花神林逋。三月桃花神皮日休，四月牡丹花神欧阳修。五月芍药花神苏东坡，六月石榴花神江淹。七月荷花神周濂溪，八月紫薇花神杨万里。九月桂花神洪适，十月芙蓉花神范成大。十一月菊花神陶潜，十二月水仙花神高似孙"

历代的文人墨客对花十分喜爱，常以其钟爱的花为内容咏诗赞美，人们将其中一些著名诗人尊称为所喜欢之花的花神，并将其喜欢的花和诗人的名字联系在一起，并编成《十二花神》的谚语歌谣。

"一年明月打头圆"

打头圆：指农历正月十五元宵节的圆月，它是一年中的第一次圆月。这天是年节活动的高潮，标志着过年活动的结束。有张灯、观灯、放灯、玩龙灯、猜灯谜、耍社火等习俗。人们的节令食品则多以吃"元宵"为主。

"二月二打雷，稻尾较重锤"

民间传说农历二月初二为土地公生日，这一天若打雷，将预示着当年稻谷会丰收。

"二月初二龙抬头，雷云雨水开始有"

"二月二，龙抬头，庄稼人齐动手"

农历二月初二是民间龙头节。这时正值惊蛰前后，天气渐暖，春雷乍动，冬眠动物开始复苏，雨水天气增多，农民也陆续开始下地春耕。

"二十三日去，初一五更回"

农历腊月二十三是民间的灶神节。传说此日晚灶神上天汇报人间一年善恶，农历正月初一五更返回人间。

"二月二，老鼠嫁女宜"

浙江金华一带以农历二月初二为"老鼠嫁女日"。这天，人们炒黄豆拌红糖，在晚上一边抛撒一边念着谚语歌："二月二，炒糖蒂，老鼠嫁女宜；天晴嫁进城（指城市），下雨嫁浦城（属福建）。"

"二月二，龙抬头"

农历二月初二，这时的节令已接近惊蛰，春回大地，万物复苏，蛰伏在泥土或洞穴中的蛇虫将要从冬眠中苏醒。传说中的龙也将从沉睡中醒来。这天，民间有"引龙回"、"请龙出"、爆玉米花、祭祀玉龙等习俗。

"十二花朝，十三收花"

农历二月十二是百花的生日，民间称为"花朝节"，有在这天养花、戴花、观花的习俗，并且还要为花举行祝贺活动。

"十七、十八，耗子成家"

农历正月十七、十八是民间一些地方的"老鼠嫁女节"，人们常利用这个机会赶鼠除害。

"十月一，送寒衣"

农历十月初一是民间的"寒衣节"，又称为"祭祖节"，人们糊纸箱柜、做纸衣到墓地焚烧，以示为亡人御寒。

"七月七，牛郎会织女，十有九回要下雨"

农历七月初七，是民间故事中牛郎织女鹊桥相会的日子，天常感动得下雨落泪。

"七人、八谷、九豆、十棉花"

民间传说农历正月初七是人的生日，初八、初九、初十分别是谷子、豆子、棉花的生日。

"七月半，鬼乱窜"

民间传说，农历七月初十（又说十三）开始，阴司地府开始放鬼，去世的人的鬼魂将回家与家人团聚。民间有农历七月十一接祖、十五送祖举行祭祀的习俗。又传说无嗣野鬼放出后，因无人祭祀，到处乱窜，会引起不吉利的事发生。民间故有祭无主孤魂野鬼的活动。

"七月七，瓜果祭牛郎织女"

农历七月初七是"乞巧节"。"乞巧"就是乞求智能灵巧。人们摆设瓜果，焚香于庭，向牛郎、织女二星"乞巧"。这天，有的地方用糯米粉拌和肉丁加糖，烙制成各种"巧食"吃，称为"吃巧"。有的长辈常于此日将巧食赠送晚辈，称为"送巧"。

"八月十五晴，正月十五看龙灯"

传说如果中秋节这天是晴天，那么第二年农历正月十五会是无雨雪的天气，人们可以放心去观看龙灯。

"八月十五云遮月，来年元宵雪打灯"

农历八月十五的月亮被云遮盖，来年正月十五则会下雪。

"九九天气爽，登高最相宜"

农历九月初九是"重阳节"，又称"老人节"。人们乐于登上高山，极目远眺，欣赏大自然秋色以达到陶冶性情、强身健体的目的。此时还有吃重阳糕的习俗，"糕"取其"高"的谐音，以讨步步升高之彩。有的地方娘家要给女儿送重阳糕。

"九九杨花开，以后九不来"

数九从冬至日开始算起，每九天为一九，是全国大多数地区比较寒冷的时令。九九过完，象征数九寒天的结束，从此，万物复苏，生机勃勃，气温回升，天气开始暖和了。

"三月三，蚂蚁上灶山"

农历三月初三，民间有的地方叫"荠菜花生日"，人们将荠菜花插在灶径上，以示驱虫。

"三阳开泰，喜迎新春"

开泰：亨通安泰。农历冬至那天白昼最短，以后就逐渐变长。古人认为这是阴气渐去，而阳气始生，所以称冬至为"一阳生"，腊月为"二阳生"，翌年正月为"三阳开泰"。民间常用"三阳开泰"作新的一年开头的吉祥话。

"三节两生，女婿上门"

民间习俗，春节、端午、中秋以及岳父母的生日，女婿要去岳父母家送礼祝贺。

"三月三，无事不到江边沿"

"三月三，九月九，没事莫到江边走"

农历三月初三和九月初九，常有大风或降雨的天气出现，江边的风浪大，民间将这样的天气称为"农暴日"。提醒人们注意防范，以免给工作和生活造成不良的影响。

"土地爷也过二月二"

民间传说农历二月初二为土地爷的生日，此日多雨。旧时民间要在这天举行土神会活动，为土神祝寿。

"大旱不过五月十三"

民间传说农历五月十三，是关公借磨刀雨的日子，这天一般会下雨，即使天大旱，也旱不到五月十三日。

"大人望种田，小孩望过年，闺女小孩你别馋，过了腊八就是年。腊八粥，过几天，紧跟就是二十三；二十三，糖瓜儿粘；二十四，扫房子；二十五，炸豆腐；二十六，炖羊肉；二十七，杀公鸡；二十八，把面发；二十九，蒸馒头；三十晚上熬一宿；大年初一满街走，见面发财全都有。"

这是流行民间的谚语《迎春歌》。

"万事开端从岁起，一年之计看春头"

春：立春。立春象征着春天的开始。这时我国大部分地区开始解冻，大地回春。此谚语提醒人们要充分利用这个一年万事开始的好时机，安排好一年的生产、工作计划，在新一年取得好的成绩。

"上有天堂，下有苏杭"

南宋建都临安（今杭州）后，当时的豪门贵族之家都纷纷集中于风景秀丽的苏州、杭州，一时出现了畸形的繁荣局面，苏、杭也成了富贵人家的天堂。

"上有天堂，下有苏杭，适宜人居数贵阳"

贵阳地处北纬 26 度，夏季平均气温在 24℃上下，气候凉爽，十分适宜人居住。

"小儿夜哭，请君念读，若还不哭，谢君万福"

民间小儿夜哭之家将此之谚语写在纸条将其贴于路边的建筑物或树上，过路客见此也乐于念读。民俗认为此举可以纠正小儿夜哭的不良习惯。

"山阴道上，应接不暇"

山阴道：浙江绍兴附近的官道以风景优美著称。比喻沿途美景很多，目不暇接，美不胜收。

"山下桃花山上雪，山前山后两重天"

这是对贵州黔东南地区山上、山下气候差异的描绘。

"山乡洞国，山洞画廊"

指贵州省黔南布依族苗族自治州罗甸县沫阳镇董当乡大小井山风景区特色概称。

"千岩竞秀，万壑争流"

岩：山崖；壑：深沟。无数山崖一座比一座秀丽，无数流水竞相奔流。形容自然界山清水秀，美丽壮观。

"天公天报，讨海免做"

"天公若无报，众神不敢报"

民间传说农历正月初九是天上玉皇的诞辰日，若这天无风暴，预示当年风信不顺，出海航行不安全。

"天无三日晴，地无三尺平，人无三分银"

这是旧时对贵州天气、地貌、居民经济状况的概述。

"不怕五月十三漫，只怕五月十三断"

农历五月十三是传说关公借磨刀雨的日子，这天怕不下雨。这天若没有下雨，关公没有磨刀雨则是很可怕的。

"不到黄鹤楼，白来武汉游"

黄鹤楼在湖北省武汉市，系中国古代江南的三大名楼之一。因它气势磅礴、雄伟壮观而著称于世，到武汉的游人都乐于登楼观赏。

"日食肠旺两大碗，不辞长作贵阳人"

肠旺面是贵阳的传统名小吃，贵阳人特别喜欢吃。

"月到中秋分外明"

中秋之夜，正值秋高气爽，云稀雾少，明月高悬。在这种状态下，月亮反射到地球上的光线比较集中和明亮，因此从地球上看到的月亮也格外清晰明澈。

"月尽贴门神，初一吃馄饨"

月尽：指大年三十。民间这天有换贴新门神的习俗。大年初一有吃饺子、馄饨的习俗。

"风吹上元灯，雨洒清明坟"

"风吹十六灯，雨打清明坟"

上元：正月十五元宵节；十六：正月十六。清明是上坟的日子，经常刮风，这段时间南方常常是阴雨绵绵的天气。

"风来隔壁千家醉，雨过开瓶十里香"

贵州生产的茅台酒名扬海内外，曾被评为世界名酒。人们走过很远都能闻到其香味。

"六月六，家家晒红绿"

农历六月初六是民间的"晒衣节"，又称"晒龙袍"。人们乐于这天晾晒自家的衣物，以杀死蛀虫。

"巴东三峡巫峡长，猿鸣三声断客肠"

三峡：即长江的瞿塘峡、巫峡、西陵峡。巫峡：起于重庆市巫山县的大宁河，止于巴东县官渡口，全长 46 千米。沿岸山势巍峨，烟云迷茫，十分壮观。形容三峡中的巫峡景色最森穆动人。

"劝君莫打三春鸟，子在巢中望母归"

三春：指春季的孟春、仲春、季春三个月。春季是鸟类繁殖的季节，母鸟常在外给在鸟窝中的乳鸟寻食。提醒人们不要伤害雏鸟幼兽，要保护动物。

"正月初一起大早，磕头拜年吃水饺；二月初二龙抬头，家家锅内炒豆豆；三月清明荡秋千，祭扫祖坟踏青山；四月夏至麦稍黄，女做烧馍去看娘；端午插艾饮雄黄，消灾辟邪除祸殃；六月里来六月六，翻转衣箱晒丝绸；七月初七乞巧节，姑娘媳妇赛绣鞋；八月十五度中秋，月饼点心献玉兔；九月初九过重阳，娘蒸枣馍全家尝；十月一日把祖祭，门前煨火送寒衣；冬月农闲逛古会，牛羊交易唱大戏；腊月初八黏米饭，祝愿五谷吃不完；除夕晚上摆酒宴，阖家守岁话团圆"

"正月要把龙灯耍，二月要把风筝扎，三月清明把柳插，四月牡丹正开花，五月龙船下河坝，六月要把扇子拿，七月双星鹊桥会，八月中秋赏桂花，九月重阳去登高，十月初十打糍粑，冬月天寒要烤火，腊月过年把猪杀"

"正月十五汤圆子，二月惊蛰喂蚕子，三月清明下种子，四月枇杷摆街子，五月端阳包粽子，六月天热扇扇子，七月中旬舂谷子，八月十五杀鸡子，九月重阳扬谷子，十月初一穿袄子，冬月天寒杀蝗子，腊月除夕吃饺子"

"正月正，闹花灯；二月二，推闲食；三月三，王母娘娘过圣诞；四月四，簪槐芽；五月五，食角黍；六月六，见谷秀；七月七，牵牛织女会；八月八，手抱夹；九月九，财神往家走；十月一，上坟去烧纸；腊七、腊八，洗碗冻煞"

以上是按农历月份，从正月起，以民间有代表性的民俗活动为内容编成的谚语歌谣。

"东北有三宝，人参貂皮乌拉草"

指东北的三大特产。

"东北有三怪，窗户纸糊在外，养个孩子吊起来，十七八岁大姑娘叼个大烟袋"

这是流行于东北民间的民俗习惯。

"四八嫁毛虫"

民间一些地方有农历四月初八嫁毛虫的习俗。用两张红纸条架成十字贴在墙壁上，并在红纸条上写嫁虫词："佛生四月八，毛虫今日嫁。嫁到深山去，永世不归家。"

"四川太阳云南风，贵州下雨如过冬"

四川夏、秋季的晴天炎热，云南刮风时来势凶猛，贵州夏、秋季下雨天气比较冷，使人感到像过冬天一样。

"生在苏州，食在广州，死在柳州"

指最适宜人生活的地方是风景优美的苏州，吃喝最好的地方是食品丰富的广州，最好的安葬地是有优质木材做棺材的柳州。

"禾怕寒露风，人怕老来穷"

寒露期间，有时北方冷空气南下，给南方种双季稻地区正在开花抽穗未成熟的晚稻形成危害，影响生长。

"白龙瞟眼，必有雷雨"

民间传说，农历五月十三为白龙生日，此日多有雷雨。

"冬至大如年"

我国古代以冬至为"冬节"，人们把它当作过年，冬至前一天称为"冬除夕"，有冬至祭祖、全家吃冬至饭的习俗。

"立夏尝三新"

立夏节是我国民间许多地区的尝新节，各地根据粮食、水果、蔬菜成熟的情况，选择自种的早熟粮食、水果、蔬菜全家品尝，以庆祝即将丰收。

"宁夏有五宝，红黄蓝黑白"

宁夏著名的五种特产，即红色的枸杞、黄色的甘草、蓝色的贺兰石、黑色的太西煤、白色的滩羊皮。

"地下有公园，地上有花园"

比喻贵阳市南郊的地下公园的奇特景观。

"过了破五就干活"

农历正月初五为破五日。旧俗认为，过了破五才能出行干活。

"西安碑林大雁塔，名声赫赫传天下"

碑林：陕西省西安市的碑林，始建于宋元祐二年（1087年）内储汉魏至清朝的历代碑刻二千多件。汉魏及唐代著名书法家的碑石大多集中在这里，是我国保存碑石最多的地方；大雁塔：大雁塔始建于唐永徽三年（652 年）为储藏唐玄奘从天竺取回的经像而建。碑林和大雁塔均为著名古迹，全国重点文物保护单位。

"早穿皮袄午穿纱，围着火炉吃西瓜"

此为沙漠地区流传的谚语。沙漠地区早上冷，中午热，晚上又冷起来。

"吃了饺子汤，胜似开药方"

传说神医扁鹊为了给老乡治冻耳，用草药熬汤服用，御寒生热，并以面片包食药渣，很快医好了人们冻坏的耳朵。后来人们为了纪念扁鹊，便于严冬到来的冬至，用面粉制成耳形的食品吃，并给取了个"饺子"的名称。很多人吃了饺子之后，还习惯再喝一碗汤。

"吃了腊八粥，女儿往家溜"

农历腊月初八腊八节，有的地方有出嫁女儿回娘家看父母的习俗。

"岁时伏腊，四时八节"

岁：年；时：四季；伏：伏天；腊：腊月。比喻一年的寒暑和四季时节的巡回更替。

"年年有个家家忙，二十三日祭灶王"

农历腊月二十三是民间灶神节。传说灶神是玉皇大帝派到民间各家督视善恶的神灵，每年腊月二十三日晚灶神上天汇报民间善恶，待除夕再返回人间。人们于腊月二十三日晚设供祭灶，为灶神送行，并乞求他"上天言好事"。

"江西人不怕辣，四川人辣不怕，湖南人怕不辣"

指江西、四川、湖南三地老百姓对辣味特别喜好。

"安于故俗、溺于旧闻"

俗：习俗。溺：沉溺、陷入。拘守于旧的习俗，局限于旧的见闻。比喻墨守成规，安于现状。

"如月之恒，如日之升"

月恒：月上弦。像上弦月亮逐渐圆满，像太阳刚刚升起。比喻正处在兴旺的时期或有强大的生命力和发展前途。

"花开富贵，竹报平安"

指寓意生活富裕和吉祥平安的用语。

"芦笙不响，五谷不长"

芦笙：我国苗、侗等少数民族常用的簧管乐器。逢年过节和喜庆的时候都要举行芦笙会，人们将它作为预祝丰收和生活美满的寄托物。

"男不拜月，女不祭灶"

旧时习俗，中秋节之夜男子不拜月，农历腊月二十三灶神上天时，女子不祭拜灶神。

"你不借我磨刀雨，我不准你晒龙衣"

传说农历五月十三是关公借磨刀雨的日子，六月初六是龙王晒龙衣的日子。旧俗认为，若五月十三下雨，则六月初六会晴；若五月十三不下雨，则六月初六不会出太阳。

"谷雨三朝看牡丹"

牡丹：牡丹花，又称谷雨花。谷雨前后开始开花。洛阳的牡丹最著名，每年谷雨期间会举办牡丹花会供民众观赏。

"饮了雄黄酒，百病都远走"

雄黄：中药，能治虫毒、虫兽伤，治疟疾寒热、伏暑泻痢等。端午节这天我国大部分地区都有饮雄黄酒的习惯。

"雨师好黔，风伯好滇"

黔：贵州的简称；滇：云南的简称。意指贵州的雨水多，云南的风多。

"虎斑霞绮，林籁泉韵"

绮：美丽；籁：从孔中发出的声音，泛指声响；韵：悦耳的声音。老虎身上的斑纹和彩霞都非常好看，森林的呼啸和泉水都发出悦耳的声音。比喻自然界的美景和各种奇丽悦耳的声音。

"明星照烂地，来朝依旧雨"

雨后天空明亮的星光照耀着地上的烂泥，第二天仍然是下雨的天气。

"明水暗道紫花泥"

紫花泥：紫花色似的泥土路。晚间泥土路上积水的地方因水的反光而发亮，光线弱暗的地方像是紫色的泥土。

"金乌西坠，玉兔东升"

金乌：太阳；玉兔：月亮。古代神话传说太阳中有金色三足乌，月亮中有玉兔捣药。西坠指日落西山，东升指月亮升起。表示日落和月出时的盛景。

"狗吃了日头，烂不了天"

民间传说日食是天狗在吞食太阳，旧时有敲鼓击盆，用闹声撵狗的习俗。意指虽然天狗把太阳吃了，但天仍然是完好的。

"春生夏长，秋收冬藏"

春天萌生，夏天滋长，秋天收获，冬天储藏。指农业生产的过程。有时也形容事物的发生、发展过程。

"胡萝卜蜜蜜甜，看着看着就过年"

胡萝卜为根长圆锥形，色美，味甜，过年前后是盛产期，民间常乐于将胡萝卜炖汤作为年夜饭食物之一。

"贵州天无理，十里当五里"

贵州高原山峦起伏，峻峰林立，老百姓行路常翻山越岭，走了很长时间，仍觉身处山中。

"钟山龙盘，石头虎踞"

钟山：南京以东山名；盘：盘曲，环绕；石头：南京西面清凉山的石头城；踞：蹲。形容南京地势雄伟，东面的钟山像盘踞的龙，西面的石头城像蹲着的虎。常用虎踞龙盘称指南京。

"重庆重庆，十雾九晴"

重庆有雾都之称，冬天、春天起雾的时间特别多。

"送神风，接神雨"

民间传说农历十二月二十四是送诸神上天的日子，这天若吹风则来年正月初四接雨神的日子还可能会下雨。

"洛阳牡丹甲天下"

洛阳产的牡丹自古闻名，唐朝时最盛。如今洛阳栽培的牡丹已达一千多个品种。每年春天开花时，洛阳专门举办花会、花市，供人们观赏、交易。届时，游人络绎不绝，竞相观赏。

"说个子来道个子，正月过年耍狮子。二月惊蛰抱蚕子，三月清明坟飘子。四月立夏插秧子，五月端阳吃粽子。六月天热买扇子，七月立秋烧袱子。八月过节麻饼子，九月重阳捞糟子。十月天寒穿袄子，冬月数九烘笼子。腊月年关四处去躲账主子"

这是我国民间流传的《节气百子歌》，它表示农历各月中的一些民俗活动。

"起伏吃只鸡，一年好身体"

伏：又称伏日或伏天，是一年中最炎热的时期；起伏：又称初伏、头伏，从夏至后第三个庚日起算，一共十天。起伏期间，民间一些地方有吃老姜鸡子汤的习俗。据说起伏时吃老姜鸡子汤能生津开胃，祛湿强身。

"桂林山水甲天下，阳朔山水甲桂林"

甲：序号第一。桂林的风光奇异，它的山奇、水秀、石美、洞幽，被誉为"四绝"。意指桂林的山水天下第一美，阳朔的山水又在桂林地区数第一。

"峨眉天下秀"

峨眉：在四川盆地西南边缘，因有山峰相对如峨眉而得名。峨眉山的峰峦挺秀，山势雄伟，层林叠翠，风景秀丽，有"秀甲天下"的美誉。现为中国"四大佛教名山"之一，又是世界文化与自然遗产之一。

"家中无字画，必是俗人家"

书法和绘画装裱后多悬挂于办公室、会议室和住家客厅。旧时人们常以家中是否挂字画作为雅俗的标志。

"盘古开天辟地"

盘古：盘古氏。神话中开天辟地的人。传说他生于天地混沌中，后来天地开辟，天日高一丈，地日厚一丈，他日长一丈，如此一万八千岁，天就极高，地就极低。他死之后，由他的身体各部又变成日月、星辰、风云、山川、田地、草木、金石等。古代神话传说，自盘古氏开天辟地后，开始有人类历史。后用开天辟地表示前所未有，是有史以来的第一次。也比喻创立空前宏伟的事业。

"猪圈常打扫，肥多卫生好"

猪的生存环境要经常清扫，这样猪圈又干净又卫生，扫出的垃圾还可作为肥料。

"清明前后乱穿衣"

清明前后，天气忽冷忽热，人们的衣服时而穿得厚，时而穿得薄。

"清明不戴柳，红颜成皓首"

皓首：白头，指年老者。清明节这天，妇女将细柳枝簪于发髻上称戴柳。民间传说戴柳能保持青春常在，健康长寿。

"清明到，儿尽孝"

清明是我国民间广为盛行扫墓祭祖的节日。届时，人们扶老携幼到祖先墓前祭祖尽孝。

"喜鹊叫，喜事到"

喜鹊是一种嘴尖、尾长、大部分为黑色、肩和腹部为白色的鸟，叫声嘈杂。民间传说，听到喜鹊的叫声，将有喜事来临。

"喜鹊报喜，乌鸦报凶"

民间一些地方传说，喜鹊啼叫预示将有喜事发生或客人到来，乌鸦啼叫则预示将有凶祸发生。

"腊八粥，吃得热腾腾，预祝来年五谷丰"

农历腊月初八民间称"腊八节"，此日有吃腊八粥的习俗。一年中最寒冷的时候，全家围坐在一起，一边吃鲜美而热气腾腾的腊八粥，一边预祝来年风调雨顺，五谷丰登。

"寒食一日阴，桑叶一个钱一斤"

清明节前一日民间称寒食节。此日阴天多，桑叶贵。

"寒来暑往，腊尽春回"

炎夏已去，寒冬即来；寒冷的腊月过去，春天又回来了。比喻一年的岁月变迁，时光流逝。

"疏影横斜，暗香浮动"

疏影：稀疏枝干的投影；暗香：清幽的香气。稀疏的树影印卧在地上，扑鼻的清香在空中飘浮。形容鲜花的美丽和香气的清幽。

"摸摸春牛脚，赚钱赚得着"

春牛为迎春的象征，用泥塑制成，供于社殿。旧时立春这天要专门制作春牛，供举行"打春礼"之用。人们乐于在立春日前后去摸春牛讨吉利，祈求来年丰收，财运亨通。

"福如东海，寿比南山"
"福如东海长流水，寿比南山不老松"

对老人生日的祝寿用语。

"算命不说好，金钱哪里讨"

算命是迷信职业者用以骗钱的手段。不说吉祥的话谁乐意给钱，故算命人只编好话说。

"算命掐八字，凑钱养瞎子"

掐：用拇指掐着别的指头来计算；八字：出生年、月、日、时的干支，算命的人根据它来推算一个人命运的好坏；瞎子：指算命的人。算命本来就是假的，实际上就是凑钱去供养算命的人。

岁时节令篇

"一回春到一回新"

每年春回大地时都会使大地上万物更新。

"一年打两春，必定好收成"

二十四节气的立春日，一个在农历的正月，一个在腊月时，称为一年打两春，预示这年是个丰收年。

"一月水仙呈素妆，二月迎春似海棠。三月桃杏花如锦，四月牡丹放浓香。五月榴花红似火，六月荷花满池塘。七月葵花倾向日，八月桂花流芬芳。九月菊花如黄金，十月芙蓉不凋伤。十一月山茶开娇艳，十二月梅花耐雪霜"

"一月水仙清水弄，二月杏花伸出墙。三月桃花红艳艳，四月杜鹃满山岗。五月牡丹笑盈盈，六月栀子头上戴。七月荷花浮水面，八月桂花腌蜜糖。九月菊花迎秋风，十月芙蓉斗寒霜。十一月山茶初开放，十二月蜡梅冰雪香"

古代人们用花期表示月令，按农历月份从正月起，每月一花，按开花时间编成谚语，称为"十二姐妹花"。

"一月小寒接大寒，施肥完了心里安；立春雨水二月到，小麦地里草除完；三月惊蛰又春分，栽种树木灌水勤；清明谷雨四月过，油菜花黄麦穗新；五月立夏小满来，割麦插秧把棉栽；芒种夏至六月终，玉米大豆播田中；七月小暑大暑临，稻勤耕耘棉摘心；立秋处暑天渐冷，要割玉米和高粱；九月白露雾迷迷，收稻再把麦田耕；十月寒露霜降至，收了大豆收甘薯；立冬小雪天渐冷，响应号召售棉粮；大雪过来冬至到，选种积肥再生产"

"一月小寒接大寒，二月立春雨水到；惊蛰春分在三月，清明谷雨四月间；五月立夏望小满，六月芒种和夏至；小暑大暑在七月，立秋处暑八月间；九月白露连秋分，十月寒露霜降来；立冬小雪十一月，大雪冬至十二月；冬至十天阳历年，家家户户喜洋洋"

"一月有两节，一节十五天；立春天气暖，雨水粪送完；惊蛰快把地，春分犁不闲；清明多栽树，谷雨要种田；立夏点瓜豆，小满不种棉；芒种收新麦，夏至快种田；小暑不算热，大暑是伏天；立秋种白菜，处暑摘新棉；白露要打枣，秋分种麦田；寒露收割罢，霜降把地翻；立冬起完菜，小雪犁耙开；大雪天已冷，冬至换长天；小寒快买办，大寒过新年"

二十四节气完整地反映出季节的交替与气候的演变以及物候的更新关系，指导一段时间的农事活动。我国劳动人民在长期的生产实践中，依据不同节气的气候条件与农事活动之间的关系，摸索和总结出了很多宝贵经验，并把它们编排成歌诀，以方便记忆和交流。

"二十七、二十八，吹得庙门开，螺蛳、蛼蚬哭哀哀"
农历二月二十七、二十八吹南风，当年下半年会干旱。

"二十一、二、三，月出两头担"
指农历每月二十一、二十二、二十三这三天，天上的月亮呈弯钩状。

"二十五、六，潮涨早饭熟"
农历每月二十五、二十六日，渔民在吃早饭时海水涨潮。

"十七、十八，月从根发"

农历每月十七、十八日入夜时尚不见月，要一更天月亮才从地平线升起。

"七九河开，八九雁来"

冬至日起第七个九天中，河上的冰块开始溶化，第八个九天天气开始转暖，南飞过冬的大雁也飞回来了。

"人不知春草知春，草发芽时宜下种"

人不看历书不知春天的到来，草却能晓得春天来临就会发芽。这时也正是农家春种的季节。

"九尽寒尽，伏尽热尽"

冬至日起的九九八十一天结束，天气开始转暖；夏至后的三伏天结束，天气开始转凉。

"九九八十一，家家做饭坡里吃"

冬至日起的九个九天结束，春天到来，天气暖和，到处是繁忙的春耕景象，农家忙得在地里吃饭。

"九月白露雾迷迷，收稻再把麦田耕"

每年农历九月的白露期间，雾气茫茫，这时农民收割完稻谷后又要忙着整田耙地、点播麦子。

"九月白露又秋分，收割庄稼喜欣欣"

每年农历九月白露到秋分期间，黄河流域正是晚稻、夏玉米、花生、大豆、棉花、烟叶等农作物成熟的时期，贵州等地的水稻也将开镰收割，农民喜获丰收，自然十分高兴。

"三月三，脱了寒衣换单衫"

农历三月初，天气已经暖和，人们该脱棉衣换单衣了。

"三伏不热，五谷不结"

三伏期间天气凉爽，不利于喜温的农作物生长，五谷收成不好。

"三伏多酷热，冬天多雨雪"

"三伏多酷热，三九多风雪"

三伏期间若天气炎热，则当年冬天雨雪天气多。

"三九天下雪，三伏雨不缺"

冬至后的第三个九天下雪，来年三伏天雨水多。

"三九下了雪，狗也吃白馍"

三九期间下了雪，有利于越冬的麦苗生长，来年麦子会丰收。

"三九二十七，篱头吹觱篥"

觱篥：筚的一种。三九期间风吹得篱笆如觱篥发出的声音。

"三九、四九冻死猪狗"

三九、四九期间，是一年当中天气最寒冷的时候。

"干净冬至邋遢年，邋遢冬至干净年"

干净：未下雨雪；邋遢：不整洁，这里表示下雨雪。冬至日天晴，来年春节可能下雨或下雪；如冬至日有雨雪，来年春节这天可能是晴天。

"干冬湿年，湿冬干年"

干：未下雨或下雪。冬至日是晴天，来年大年初一会下雨或下雪，如冬至这天下雨或下雪，来年大年初一会是晴天。

"干冬湿年，坐了种田"

干：未下雨雪。冬至日这天晴，过年这天又下雨雪，来年会风调雨顺，对农民种田十分有利。

"下了公伏头，日头晒死牛，下了母伏头，一天一场不到头"

公：单日；母：双日。起伏的第一日为伏头。三伏的第一天是单日若下雨，以后大太阳的天气多；三伏的第一天是双日若下雨，则日后还要继续下雨。

"大暑天，三天不下干一砖"

大暑期间，我国大部分地区的气温在 35℃ 上下，长江流域许多地方常出现 40℃ 的高温天气。这时若不下雨，很快就会造成田地干旱。

"大暑小暑不是暑，立秋处暑正当暑"

小暑、大暑期间的气候已十分炎热，立秋到处暑期间，气温由最热逐渐下降，但有时因受高温高湿的太平洋热带高气压的影响，会出现秋老虎天气，仍然很热。

"大四小三，月牙出尖；十五十六，两头露；十七十八，落黑摸瞎；二十正正，月出一更"

农历大月初四、小月初三，月亮出来时呈弯牙状；农历每月十五、十六日，日月出没时相接；农历每月十七、十八日，月亮在天黑尽时才出来；农历每月二十日，月亮在一更时才出来。

"大雪河封住，冬至不行船"

大雪期间，我国大部分地区的最低温度已降至 0℃ 以下，河面上开始结冰，到冬至节时，北方河面上结上了厚厚的冰块，船不能在河里划行。

"大雪见晴天，立春雪多"

大雪这天是晴天，立春这天要下雪。

"大雪不寒，明年旱"

大雪这天不冷，来年会干旱。

"大雪小雪雪满天，来年准是丰收年"

大雪、小雪期间下雪，来年一定是个丰收年。

"大寒年年有，不在三九在四九"

大寒是二十四节气中的最后一个节气，节期一般在冬至日起第三个九天至第四个九天的范围内。

"大寒见三白，农民衣食足"

大寒期间如果连续下三场雪，来年的庄稼会丰收。

"大寒一场雪，来年好吃麦"

大寒期间降大雪，是来年麦子丰收的征兆。

"大雁不过三月三，小燕不过九月九"

大雁、燕子都是候鸟，随季节迁移住地，农历三月初三前大雁由南方飞回北方繁殖，九月初九前小燕子由北方飞往较暖和的南方过冬。

"上元无雨春多旱，清明无雨少黄梅；夏至无雨三伏热，重阳无雨一冬晴"

上元：农历正月十五元宵节；黄梅：每年农历四、五月间阴雨连绵的天气。正月十五日无雨，春天晴天多；清明节无雨，四、五月间的阴雨天气少；夏至日无雨，伏天炎热；九月初九这天无雨，当年冬天晴天多。

"上看初三，下看十五"

农历每月初三是晴天，上半月晴天多；农历每月十五天晴，下半月的晴天多。

"上看初二三，下看十五六"

指用之前两天的天气情况来预测后面一段时间的天气形势，即上半月看农历每月初二、初三的天气情况，下半月看农历每月十五、十六的天气情况。

"上半年是六、二十一，下半年是八、二十三，每月两节日期定，最多不差一二天"

农历二十四节气在阳历中的日期大体上是固定的，每年都相差不多，上半年是六日、二十一日前后，下半年是八日、二十三日前后。

"小满不满，黄梅不管"

小满期间雨少，江淮流域地区就不会出现明显的黄梅雨天气。

"小满不满，干断田坎"

小满期间不下雨，日后要干旱。

"小暑不算热，大暑在伏天"

小暑还不是每年最热的时候，最炎热的天气在伏天的大暑期间。

"小暑一声雷，四十五天野黄梅"
"小暑一声雷，倒转做黄梅"

黄梅：指梅子成熟期间的连绵阴雨天气。如果小暑这天有雨，黄梅雨的时间更长。

"小暑一声雷，炅谷搬去又搬回"

炅：晒。小暑期间雷雨多，晒场的谷子随着天气的变化搬来搬去。

"小暑大暑不是暑，处暑正当暑"

我国江南一些地区因受高温高湿的太平洋热带高气压影响，处暑期间往往会出现很热的天气。

"小雪河封上，大雪地封严"

我国东北、西北、内蒙古、华北北部等地区冬天气候寒冷，小雪期间已有冰冻，河面开始结冰。到了大雪期间，整个地里都处于冰冻状态。

"小雪雪满天，来年定丰年"

小雪期间下雪，对需要水分越冬作物的生长十分有利，预示来年是个丰收年。

"小雪不满雪，大雪雪满天"

小雪期间下雪小，大雪期间则下雪多。

"小雪不见雪，来年长工歇"

小雪不下雪，来年天气不好，庄稼不肯长，长工休息时间多。

"小雪不封地，不过三五日"

小雪时天气已经寒冷，即使地上还没有结冰，三五日之内也会结冰。

"小寒大寒寒得透，来年春天天暖和"

小寒、大寒期间应该是一年当中天气最寒冷的时候，如果这时天气特别的寒冷，则来年春天的天气会暖和。

"小寒大寒多南风，明年六月早台风"

小寒、大寒期间多刮南风，预示来年六月的台风来得早。

"小寒大寒，杀猪过年"

小寒、大寒期间，一年的农事活动已基本结束，农民开始杀年猪，准备过年。

"小寒忙买办，大寒要过年"

小寒期间开始准备年货，到大寒时已完全准备就绪，只等春节的到来。

"五九、六九，沿河看柳"

冬至日起的第五个、第六个九天，气温开始回升，杨柳开始发芽。

"日半十六，两头红"

农历每月十六日傍晚，天空中同时会看到西落的太阳和东升的月亮。

"长不过五月，短不过十月"

农历五月的时间是夜短昼长，农历十月的时间则是夜长昼短。

"月落初十管三更"

农历每月初十这天的半夜三更时，是月亮完全落下的时刻。

"月半十六正团圆"

农历每月十五、十六日，月亮最圆最明。

"月上山，潮上滩；月落山，潮落滩"

傍晚月亮开始升起时，海水开始涨晚潮；凌晨月亮开始下山时，海水开始退早潮。

"月上弦，初七、初八；月下弦，二十三"

农历每月初七、初八，月亮的光明部分和黑暗部分各有一半对着地球，人们从地球上看到的月亮是一个半圆形，这时的月相称为上弦；农历二十三左右，地球上看到的月亮的半圆形与上弦相反，称为下弦。

"月头望十三，月尾望十六"

农历每月从十三日前后开始，地球运行到月亮和太阳之间，太阳西落时月亮正从东方升起，月亮对着地球的那一半是全亮的，人们从地球上看到的月亮是一个完整的圆形，这种月相叫望；十六日前后是最后看到望月的日期。

"未食五月粽，被褥不敢收"

"未吃端午粽，寒衣不可送"

端午节前虽然天气一般都比较暖和，但有时因突然降温仍会让人觉得有些冷，因此，这时还不能把冬天的衣服收起或送人。

"打了春，冒热气，还有三十日的冷天气"

打春：立春。立春以后，大地回春，天气日益温暖，但这时最容易发生倒春寒，寒冷的天气还会持续一段时间。

"正月立春雨水，二月惊蛰春分；三月清明谷雨，四月立夏小满；五月芒种夏至，六月小暑大暑；七月立秋处暑，八月白露秋分；九月寒露霜降，十月立冬小雪；冬月大雪冬至，腊月小寒大寒"

指二十四节气在农历各月的分布。

"正月梅花凌寒开，二月杏花满枝来。三月桃花映绿水，四月蔷薇满篱台。五月榴花红似火，六月荷花撒池台。七月凤仙展奇葩，八月桂花遍地开。九月菊花竞怒放，十月芙蓉携秋来。十一月水仙凌波开，十二月蜡梅报春来"

"正月梅花香，二月杏花开。三月桃花红，四月蔷薇红。五月石榴红似火，六月荷花耀满池。七月槿花开，八月桂花香千里。九月菊花黄，十月芙蓉花露发。十一月枇杷花儿香，十二月蜡梅放"

"正月梅花香又香，二月兰花盆里装。三月桃花红十里，四月蔷薇靠短墙。五月石榴红似火，六月荷花满池塘。七月栀子头上戴，八月桂花满枝黄。九月菊花初开放，十月芙蓉正上妆。十一月水仙供上案，十二月蜡梅雪里香"

"正月里梅花阵阵香，二月里杏花淡洋洋。三月里桃花喷喷红，四月里蔷薇都开放。五月里石榴黄喷喷，六月里荷花香满池。七月里凤仙似乞巧，八月里桂花满园香。九月里菊花堆得高，十月里芙蓉闹小春。十一月里山茶满树开，十二月里蜡梅黄澄澄"

古人用花表示月令，按农历月份从正月起每月一花，按所在地区开花的时间，编成上述谚语歌谣，并称为"十二姐妹花"。

"正月菠菜满地青，二月闪上洋角葱。三月韭菜街上卖，四月莴苣赛小松。五月黄瓜搭上架，六月匏子拧志弓。七月茄子一包子，八月南瓜秋后生。九月白菜担上卖，十月萝卜上秤称。十一月蔓菁满地滚，十二月韭黄拿粪壅"

"正月菠菜正发青，二月长上绿小葱。三月韭菜往上长，四月莴笋也长成。五月黄瓜市上卖，六月柿子正生长。七月茄子头朝东，八月葫芦也长成。九月萝卜出了埂，十月白菜把地腾。十一月蔓菁甜似蜜，十二月韭黄把粪壅"

以上是民间按农历月份从正月起，以所在地区每月有代表性的成熟蔬菜为内容，编成的谚语歌谣。

"正月甘蔗节节长，二月橄榄两头黄；三月樱桃粒粒红，四月枇杷如蜜糖；五月杨梅红似火，六月莲子满池塘；七月南枣树头白，八月菱角如刀枪；九月石榴露齿笑，十月金橘满园香；冬月柚子金样黄，腊月龙眼甜蜜蜜"

"正月甘蔗节节长，二月橄榄两头黄；三月青梅口中香，四月枇杷已发黄；五月杨梅红似火，六月莲蓬水中扬；七月石榴正开口，八月菱角舞刀枪；九月上山采黄柿，十月圆眼荔枝配成双；冬月橘子红彤彤，腊月黄菱肉脆松松"

以上是民间按农历月份从正月起，按所在地区每月有代表性的成熟水果为内容，编成的谚语歌谣。

"北风送九，平地船走"

九：冬至日开始的第九个九天。这时天气已经转暖，河面上的冰块早已融化，雨水开始增多，河面上的船只也可以自由行走了。

"四月初一雨，农具高挂起"

农历四月初一下雨，日后干旱不利于农事活动。

"四月八日晴，蓑衣斗笠不离身；四月八日下，犁刀锄头都空挂"

"四月八日晴，打鼓唱太平；四月八日雨，踏断水车嘴"

农历四月八日是晴天，日后雨水多，粮食会丰收；四月八日若下雨，干旱的天气要持续较长时间，农田管理不能正常进行，粮食收成会不好。

"四月立夏又小满，割罢麦子插秧田"

农历四月立夏到小满期间，收割麦子后要紧接着栽稻谷。

"白露秋风寒，一夜凉一夜"

白露时起，我国所处的北半球日照时间逐渐缩短，天、地散热的速度加快，再加上秋季风由北向南推进，把北方凉爽的空气带到南方，使天气一天一天地转凉，晚上则更加明显。

"白露节，黑夜没有白天热，天色一黑一亮，大雨就在头上"

白露期间，白天的温度比夜晚高。此间，天气有时晴，有时阴，有时又突然下起雨来。

"处暑到社日二十七或二十八日，花麦、黄豆不结荚；处暑到社二十二、二十三，花麦、黄豆有得担"

社：秋社，在立秋后干支纪日的第五个戊日。处暑到社日是农历二十七或二十八日，花麦、黄豆要歉收；处暑到社日是农历二十二或二十三日，花麦、黄豆要丰收。

"处暑荞、白露豆、不要误时候"

指在这些节气里要播种的农作物。

"冬冷三九，夏热三伏"

冬至日起的第三个九天寒冷，夏至后第三个庚日起的三伏期间则天气炎热。

"冬离寒节一百五，寒节离伏不用数"

冬至到寒食节和寒食节到三伏的第一天都是 105 天。

"冬至冬至，日夜相距；春分春分，昼夜平分"

冬至这天白天时间最短，晚上时间最长，一年中两者差距最大；春分日这天，白天和晚上的时间长短是相等的。

"冬至日短，夏至日长"
冬至日白天时间最短，夏至日白天时间最长。

"冬至不过不冷，夏至不过不热"
冬至日之前天气还比较暖和，夏至日之前的天气还比较凉爽。

"冬至当天数九，夏至三庚数伏"
数九从冬至的当天开始算起，三伏则从夏至后第三个庚日算起。

"冬至是头九，两手藏袖口；二九一十八，口中似吃辣；三九二十七，见火亲如蜜；四九三十六，关住房门把炉守；五九四十五，开门寻暖处；六九五十四，杨柳树上发青丝；七九六十三，路上行人把衣袒；八九七十二，棉絮飞满地；九九八十一，开始把田犁"
指冬至日起八十一天的气候和物候变化状况。

"立春落雨至清明"
立春日若下雨，则直至清明这段时间的雨量较多。

"立春雨淋，阴阴湿湿到清明"
立春期间下雨，阴湿的天气较长，一般要到清明才结束。

"立春不见春，一年两次春"
立春日不在当年春天，一定在上年冬天，那么上一年则有两个立春日（另一个在上年初）。

"立春天气晴，今年好收成"
立春日是晴天，当年的庄稼要丰收。

"立春不宜雨，立夏不宜晴，立秋不宜雷，立冬不宜风，四立若犯忌，农事总是空"

"立春天渐暖，雨水送肥忙；惊蛰忙耕地，春分昼夜平；立夏快锄苗，小满望麦黄；秧奔小满禾奔秋，插秧宜早不宜迟；芒种夏至把禾踩，家家户户一起忙；干锄棉花湿锄麻，露雾小雨锄芝麻；小暑快入伏，大暑中伏天；处暑时节快选种，立秋中稻见新粮；白露田垄一扫光，秋分谷子堆满仓；寒露杂粮收得多，霜降桐茶都剥壳；立冬发北风，小雪冻死虫；大雪当冬令，冬至头九天；腊月小寒接大寒，丰产经验多交谈"

"立春雨水，赶早送肥；惊蛰春分，栽蒜当紧；清明谷雨，瓜豆快点；立夏小满，浇园防旱；芒种夏至，拔麦种谷；小暑大暑，快把草锄；立秋处暑，种菜无误；白露秋分，种麦打谷；寒露霜降，耕地翻土；立冬小雪，白菜出园；大雪冬至，收粪当先；小寒大寒，杀猪过年"

"立春阳气转，雨水落无断；惊蛰打雷声，春分雨水干；清明麦吐穗，谷雨浸种忙；立夏鹅毛住，小满打麦子；芒种万物播，夏至做黄梅；小暑耘收忙，大暑是伏天；立秋收早秋，处暑雨似金；白露白迷迷，秋分秋秀齐；寒露育青秋，霜降一齐倒；立冬下麦子，小雪农家闲；大雪罱河泥，立冬河封严；小寒办年货，大寒过新年"

"立春阳气转，雨水沿河边；惊蛰乌鸦叫，春分地皮干；清明忙种粟，谷雨种大田；立夏鹅毛住，小满雀来全；芒种开了铲，夏至不拿棉；小暑不算热，大暑三伏天；立秋忙打垫，处暑动刀镰；白露忙收割，秋分无生田；寒露不算冷，霜降变了天；立冬交十月，小雪河封上；大雪地封严，冬至不行船；小寒三九天，大寒就过年"

这些谚歌谣反映了二十四节气的气候变化与农事活动之间的关系，很多内容至今还起着积极的作用。

"立夏刮阵风，小麦一场空"

立夏期间小麦正处在抽穗扬花阶段，这时刮风，扬花的麦穗容易脱落。

"立夏刮东风，必定禾来空；黄豆不结荚，小豆胎苗瞎"

荚：豆类植物的果实。立夏吹东风，稻粒长不饱满，黄豆不结果实，小豆苗长不好。

"立夏落，蓑衣笠帽挂屋角；立夏晴，蓑衣笠帽站田塍"

"立夏日晴，蓑衣斗笠随身行"

塍：田间的土埂子。立夏日下雨，会很快停止，雨衣、雨帽可以收起挂在屋里；立夏日晴，则下雨天气即将来临，要将雨衣、雨帽放在田边备用。

"立夏无雨三伏热，重阳无雨一冬晴"

立夏日不下雨，三伏期间炎热；农历九月初九无雨，则冬天晴天多。

"立夏东风少疾病，时逢初八果实多"

立夏日刮东风，人少生病；立夏这天逢农历初八，则水果收成好。

"立夏最怕入夜雨"

立夏期间阴雨连绵的天气，会对正在开花授粉的小麦造成伤害。

"立夏三日连枷响，立秋十日遍地黄"

"立夏三日连枷响，小满三日麦耙香"

立夏三日后，诸如菜籽、豌豆、小麦等一些农作物都要成熟了；立秋过后就可以丰收了。

"立秋栽晚谷，处暑摘新棉"

立秋期间适宜栽晚稻，处暑期间则是摘棉花的时候。

"立秋前不白，立秋后没得"

白：荞麦。立秋节之前不把荞麦种下地，立秋后再种就长不好。

"立秋闻雷，百日无霜，如种荞麦，必收满仓"

立秋这天有雷，日后一百天没有霜；这样的天气种荞麦，收成一定很好。

"立秋雷电，天收一半"

立秋这天有雷电，预示当年庄稼收成不好。

"立秋不露头，割下喂老牛"

立秋期间如果秋季作物还没有长好，只好割掉喂牛。

"立秋遍地黄，处暑一扫光"

立秋期间早稻和玉米已经基本成熟，处暑期间则要收割完毕。

"立秋天气爽，处暑动刀镰"

立秋期间天气已开始凉爽，处暑期间要动刀镰收割早稻。

"立秋割高粱，寒露打完场"

立秋期间开始收割高粱，寒露之前一定要收完入仓。

"立秋早白露迟，油菜处暑正当时"

处暑期间适宜播种油菜。

"立秋摘花椒，白露打核桃，霜降摘柿子，秋分打红枣"

花椒、核桃、柿子、红枣分别在立秋、白露、霜降、秋分这几个节气里收获。

"立秋播种，处暑定苗，白露晒盘，秋分拢帮，寒露平口，霜降灌心、立冬砍菜"

此谚语描述的是大白菜生长成熟的过程。

"立冬有雨一冬晴，立冬无雨一冬淋"

立冬日有雨，冬天晴天多；立冬日无雨，则冬天雨水多。

"立冬之日若逢壬，来年高田枉费心"

立冬之日若逢天干纪壬日，来年高处之田收成不好。

"立冬先封地，小雪河封严"

立冬期间黄河中下游地区开始结冰，小雪期间河面上已结成了厚厚的冰层。

"头八晴，种得成；二八晴，好收成；三八晴，好看成"

"头八晴，好收成；二八晴，好收成"

头八、二八、三八指正月、二月、三月三个逢八的日子。即这三个月的初八、十八、二十八这三日晴，当年风调雨顺，庄稼收成好。

"头伏有雨二伏旱，三伏有雨吃饱饭"

头伏有雨二伏会干旱，三伏有雨对正在生长中的稻子、玉米、高粱、棉花和秋菜的播种十分有利。

"头九、二九下了雪，头伏、二伏雨不缺"

冬至起的第一个和第二个九天中下了雪，来年头伏、二伏雨天多。

"头九刮大风，头伏下大雨"

头九刮大风，来年夏至后第三个庚日起的十天中大雨天气多。

"地球绕着太阳转，转完一圈一是年。一年分成十二月，二十四节气紧相接。按照公历来推算，每月两气不改变。上半年是六、二十一、下半年逢八、二十三。这就是交接日，相差不过一两天。二十四节有先后，下列口诀记心间：一月小寒接大寒，二月立春雨水连；惊蛰春分在三月，清明谷雨四月天；五月立夏和小满，六月芒种夏至连；七月小暑和大暑，立秋处暑八月间；九月白露接秋分，寒露霜降十月全；立冬小雪十一月，大雪冬至迎新年；抓紧季节忙生产，种收及时保丰年"

此谚语讲的是二十四农事节气在阳历中各月的大致时间。

"芒种树头红，夏至树头空"
指荔枝在芒种期间颜色变红成熟，夏至期间将采摘完毕。

"芒种插田是个宝，夏至插田是根草"
指中稻适宜在芒种期间栽插。

"芒种蝶仔讨无食"
芒种时期已经过了花开时期，所以蝴蝶没有花粉可采了。

"芒种打火夜插秧"
指麦子收割后，紧跟着整田插秧。

"芒种插薯是个宝，小满芝麻株株好"
芒种期间宜种红薯，小满期间宜种芝麻。

"芒种黄豆夏至秧，种好小麦迎霜降"
芒种期间种黄豆，夏至期间栽秧，霜降之前要种完小麦。

"芒种前，好种棉；芒种后，好种豆"
指芒种节之前应种棉花，芒种节之后应种豆子。

"芒种不留花，到老不归家"
指芒种期间不宜种棉花，即使种下也没收成。

"芒种芒种，六谷、黄豆都好种"
指芒种期间适宜点播多种豆类作物。

"芒种里头要种豆，早了不丰收"
指芒种期间才种豆，种早了收成不好。

"芒种芝麻夏至豆，秋分种麦正时候"
指芒种期间种芝麻，夏至期间点豆，秋分期间种麦子。

"芒种收麦谷收秋，寒露才到把白薯收"
芒种收小麦，立秋收谷子，寒露收白薯。

"芒种端午前，处处有荒田"

芒种一般在端午节之后，如遇芒种在端午节之前，这年的农作物可能生长不好。

"过了立秋节，夜凉白天热"

立秋是秋季的开始。此后气温由最热逐渐下降，这时的天气是夜里凉爽，白天炎热。

"过了白露节，夜寒日里热"

白露时起，日照时间缩短，地面散热加快，再加上秋风把北方凉爽的空气带到南方，天气逐渐转凉，这时的天气是晚上冷、白天热。

"早上立了秋，下午凉飕飕"

立秋节气起，气温由最热逐渐下降。

"吃了中秋粑，寒衣件件加"

农历八月十五中秋节后，天气开始转凉，人们应根据天气的变化增加衣物。

"吃过春节酒，锄头不离手"

过了春节之后，农民将要开始下地劳作。

"吃了端午粽，还得冻三冻"

端午节之后，虽然气温逐步升高，但有时因天气变化还会变冷。

"吃罢春分饭，一天长一线"

春分日南北半球得到的阳光均等。昼夜长短平分。春分之后，太阳直射位置北移，我国所处的北半球开始昼长夜短。

"年前打春明年暖，年后打春二月寒"

立春时在年末，来年春天暖和；立春节在年初，则当年春天寒冷。

"伏里有雨，九九有雪；伏里没雨，九里没雪"

伏：三伏。夏至后的第三个庚日起的十天为一伏，第四个庚日起的十天或二十天是中伏，立秋后的第一个庚日起的十天为末伏，统称三伏。九：数九，从冬至日开始算起每九天为一九，一共九个九天，共八十一天。三伏天有雨，数九天要下雪；三伏天无雨，数九天不会下雪。

"伏天地里如筛漏，多少雨也下不够"

我国的许多地区在三伏期间是"雨""热"同季。此时经常下雨，地里水分充足，有利于庄稼的生长。

"伏里东风海底干，伏里西风水连天"

三伏天刮东风主旱，三伏天刮西风主雨。

"伏里不热，九里不冷"

指三伏天不炎热，数九天不会寒冷。

"伏里天，三天不下烤一砖"

三伏期间天气很炎热，三天不下雨，地里就干得像一块砖那么厚。

"阳历节气极好算，一月两季不更变；上半年来六、二一；下半年来八、二三；一月小寒随大寒，农人拾粪莫偷闲；立春雨水二月里，送粪莫等冰消完；三月惊蛰又春分，万物昭苏栽蒜来；清明谷雨四月天，大小麦田播种勤；五月立夏望小满，待雨下种勿偷懒；芒种夏至六月里，不要强种要勤铲；七月小暑接大暑，拔苗种菜播萝卜；立秋处暑正八月，结实更喜当日午；九月白露又秋分，收割庄稼喜欣欣；十月寒露霜降至，打场起菜忙煞人；十一月中农事闲，立冬小雪天将寒；大雪冬至十二月，完了粮税过新年"

六、二一，八、二三，分别指节气在阳历上半年和下半年各月中的时间。谚语歌谣反映了二十四节气的气候变化与农事活动之间的关系。

"两春夹一冬，无被暖烘烘"

"两春夹一冬，必定暖烘烘"

农历的年头和年尾各有一个立春日叫两春夹一冬。这是当年天气暖和的预兆。

"两冬夹一春，老牛过不到冬"

一年中只有一个立春日，而且立春日在农历的年初为两冬夹一春，这是当年天气寒冷的预兆。

"谷雨日辰值甲辰，蚕麦相登大喜忻；谷雨日辰值甲午，每箔丝绵得三斤"

箔：蚕箔，用竹篾编制的养蚕器具。谷雨日逢干支纪日的甲辰，蚕、麦收成好；谷雨日逢干支纪日的甲午，蚕茧收成不错。

"冷正月，暖二月，不冷不热三四月；热五月，燥六月，鲜瓜水果七八月；九月凉，十月温，十一月有过小阳春；过了腊月冷几天，年前年后就打春"

此谚语概括了农历一年中各月份的气象特征。

"初一落雨初二散，初三落月半"

初一若下雨，初二则会放晴；初三若下雨则会下到十五。

"初伏浇，末伏热"

伏：夏至后第三个庚日起的十天为初伏，立秋后第一个庚日起的十天为末伏。初伏期间下雨，末伏期间会炎热。

"初二、初三不见月，不晴不雨半个月"

"初二、初三不见月，阴阴闪闪得半月"

农历初二、初三这两天月亮若没有出来，将有半个月的阴天。

"初九至十三，不下一冬干"

农历九月初九至十三如果没有下雨，当年的冬天会干旱。

"初三月儿弯，十五月儿圆"

依据月亮的形状来判断农历月份的日期。农历每月初三月亮呈弯形，十五月亮呈圆形。

"初一、十五，潮落饭熟"

农历每月初一和十五海水早上涨潮，到午饭时潮至最高位后开始退潮。

"初一、十五两头潮，上山涨、落山涨"

农历初一、十五海水涨两次潮，旭日东升时涨一次，日落西山时又涨一次。

"初三、初四不见月，连阴带下半个月；七阴八下九不晴，十日晒得顶子疼"

用农历初三、初四这两天月亮未出，来预示之后的天气变化。

"初三、初四、蛾眉月；十五、十六月团圆；十七、十八月起更；二十二、二十三月起半夜边"

"初三初四画眉月；十五、十六两头红；十七、十八婆下发；十八、十九坐以守；二十长长月上一更；二十一难算，月上更半；二十二、二十三月上山头中半担；二十五、二十六、月上山头炊饭熟"

两头红：能同时看见太阳、月亮；婆下发：女人入睡；中半担：半夜；炊饭熟：早饭时。依据月亮出没的时间和月亮的形状来判断农历一个月的大致日期。

"初一、初二不见面；初三、初四一条线；初五、初六月牙子；初八、初九半柞子；十四、十五月儿圆；十六、十七两头露；十八、十九黑乎乎；二十二、二十三，月出喂牛；二十五、二十六，月出使牛；二十八、二十九，月出见土"

农历是根据月亮圆缺、盈亏的变化而制定的一种历法。人们通过观看月相和月亮出没的时间，可以判断出一个月的大致日期。初一、初二看不见月亮；初三、初四月亮像一条线；初五、初六月亮形状如钩；初八、初九月呈半圆；十四、十五月儿圆；十六、十七同时看见日、月；二十二、二十三，月在半夜出，二十五、二十六，月在早饭后出；二十八、二十九，月出上午。

"社后雷声发，大旱一百八"

社：秋社。是秋天祭祀土地神的日子，在立秋后干支纪日的第五个戊日。秋社后打雷，有一百零八天的干旱天气。

"雨水节，把树接"

春天是万物复苏的季节，雨水期间，温度、降水量适宜树木的生长，这时种植和嫁接树木的成活率很高。

"雨水节，修渠道，抽水把麦浇"

雨水之后，越冬的小麦开始返青，并逐步开始生长，需要水份，农民要修渠引水，及时浇灌。

"雨打黄梅头，田岸变成沟"

黄梅：指六、七月间长江流域阴雨绵绵的天气。雨从黄梅天气开始时下，日后雨水天气多。

"雨打黄梅脚，四十五日赤刮刮"

赤刮刮：大太阳天。雨从梅雨天气结束时下，日后有四十五天的大晴天。

"明正暗至"

正：正月初一；至：冬至。若冬至日这天阴雨，则来年正月初一可能是晴天。

"夜长，长不过冬至；夜短，短不过夏至"

冬至这天，太阳直射在南回归线上，日影最短，我国所处的北半球白天最短，黑夜最长；夏至这天，阳光直射在北回归线上，日影最长，我国所处的北半球白天最长，黑夜最短。

"春打六九头，遍地耕牛走"

六九：在冬至日起的第六个九天。若立春日在六九开始的第一天，这时气温开始回升，农民开始春耕了。

"春打六九尾，粮食成了堆"

立春日在六九的最后一天，当年可能会丰收。

"春分春分，昼夜平分"

春分日太阳光直射赤道，太阳从正东升起，正西下落，南北半球得到的阳光平均，昼夜长短平分，几乎等长。

"春不分不暖，夏不至不热"

春分：春季九十天的中分点，气象学规定是北半球春季的开始。过了春分天气开始暖和了，夏至到了天气就开始炎热了。

"春不分不暖；秋不分不凉"

到了春分天气才开始暖和，过了秋分天气才开始凉爽。

"春寒春暖；春暖春寒"

立春这天冷，整个春天会暖和；立春这天暖和，则整个春天会寒冷。

"春鲢夏鲤，吃了不悔"

春天的鲢鱼、夏天的鲤鱼最肥最嫩，是吃的最佳时间，错过这个时间再吃要后悔。

"春社无雨不耕田，秋社无雨莫作园"

春社：在农历干支纪日立春后的第五个戊日；秋社：在农历干支纪日立秋后的第五个戊日，都是祭祀土地神的日子。两个社日若不下雨，对农业生产都不利。

"重阳无雨看十三，十三无雨一冬晴"

重阳：农历九月初九，民间称重阳节。九月初九无雨要看九月十三，九月十三无雨，则冬季晴天多。

"重阳落一天，下到九里边，重阳晒一天，旱到二月间"

农历九月初九下雨，九月的雨水多；农历九月初九晴，则晴天要持续到来年的二月。

"重阳晴，一冬暖，重阳阴，一冬寒"

农历九月初九是晴天，当年冬天暖和；九月初九是阴天，则当年冬天寒冷。

"热不过三伏，冷不过三九"

三伏：夏至后第三个庚日起的十天为一伏，第四个庚日起的十天或二十天是二伏，立秋后第一个庚日起的十天为末伏。三伏期间是一年中最热的时候；三九：冬至日起的第三个九天，这时是一年中最冷的时候。指一年的气候属三伏天最热，三九天最冷。

"热不过大小暑，冷不过大小寒"

小暑、大暑期间正值伏天，是一年中最热的时候；小寒、大寒正值冬至后的三九、四九期间，是一年中最寒冷的时候。

"热天要口塘，冬天要间房"

水牛热天要下塘滚水，冬天则要在有房间的牛圈里过冬。

"夏至夜短，冬至夜长"

夏至日阳光几乎直射在北回归线上，是我国所处的北半球日照时间最长的一天，所以这天白昼最长，黑夜最短；冬至日太阳几乎直射在地球的南回归线上，是北半球日照时间最短的一天，这天北半球白昼最短，黑夜最长。

"夏至至短，冬至至长"

指夏至日以后，白天的时间一天比一天短；冬至日以后，白天的时间一天比一天长。

"夏至不替人家莳秧，冬至不替人家看更"

莳：移栽。夏至这天昼长夜短，给别人栽秧时间最长；冬至日这天昼短夜长，给人家守夜的时间最长，两者都不划算。

"夏至三庚入伏，立秋五戊为社"

农历干支纪日从夏至后第三个庚日起，开始数伏天；农历干支纪日从立秋日起，第五个戊日为秋社。

"夏走十里不黑，冬走十里不亮"

夏天昼长夜短，走十里路天还没有黑；冬天昼短夜长，走十里路天还没有亮。

"夏至入头九，羽扇握在手；二九一十八，脱冠脱罗纱；三九二十七，出门汗欲滴；四九三十六，席卷露天宿；五九四十五，炎秋似老虎；六九五十四，乘凉进庙祠；七九六十三，床头换被单；八九七十二，子夜寻棉被；九九八十一，开柜拿棉衣"

这是前些年，湖北省襄阳老河口市北郊拆除明代建筑禹王庙时，在庙宇正厅的大梁上发现一首用松墨草书的《夏至九九歌》。这首歌谣，形象、生动地反映了从夏至起，经小暑、大暑、立秋、处暑、白露这些农事节气期间的气候状况，以及由此而给人们的生活所带来的影响。

"黄梅时节家家雨"

春末夏初梅子黄熟的时间，我国长江中下游地区常连续下雨，称为黄梅雨，也称黄梅天。

"黄梅天里穿棉衣，大雨倾盆到田里"

指黄梅期间天气寒冷，大雨天气多。

"梅放觉春来"

梅：又称蜡梅，在冬天快结束，春天即将到来的时候开放。人们看到蜡梅怒放，就感觉春天即将来临。

"梅占百花魁"

春天快要到来的时候，寒冬腊月梅花开放，它的出现唤来了春天百花盛开，起到了魁首的作用。

"梅里一声雷，时中三日雨"

时中：又称时里，指夏至后半月。黄梅天中雷声响，预示夏至后阴雨天气多。

"梅里西南，时里潭潭"

黄梅天刮西南风，预示夏至后有大雨。

"清明要明，谷雨要淋"

清明当日天晴，谷雨那天会下雨，对农事活动有利。

"清明前后一场雨，强如秀才中了举"

清明前后，过冬的农作物需要大量的水分，水稻、瓜豆、高粱、辣椒、棉花等农作物的播种、分栽也需水分滋润。这时下雨，对农业生产十分重要，好比秀才中了举人一样让人高兴。

"清明难得晴，谷雨难得雨"

指清明期间南方阴雨纷飞，难得有晴天；谷雨期间充足的雨水可使庄稼很好生长，这时的雨很宝贵。

"清爽冬至邋遢年，邋遢冬至清爽年"

邋遢：指不整洁，这里表示下雨雪。冬至日晴，来年大年初一可能要下雨雪；冬至日有雨雪，来年大年初一可能是晴天。

"淋伏头，旱伏尾；淋伏头，烧伏尾"

若头伏的第一天下雨，则末伏的最后一天为晴热天气。

"淋了公伏头，一十八日不使牛"

公：单数。若三伏第一天为单日且下雨，则日后有较长的晴热天气，不宜让牛耕作。

"淋了母伏头，一十八日水长流"

母：双数。若三伏第一天为双日且下雨，则日后有较长的下雨天气。

"惊蛰闻雷米似泥"

惊蛰时打雷则当年粮食会丰收，米多得像泥一样不值钱。

"惊蛰没到雷先到，大雨似蛟龙"

惊蛰前打雷，预示日后大雨天气多。

"惊蛰过，暖和和，蛤蟆老角唱山歌"

惊蛰期间，天气转暖，春雷乍动，惊动万物，这时在泥土里的各种冬眠昆虫、小动物纷纷苏醒过来，开始出土活动。

"惊蛰落雨至清明，清明落雨雨不晴"

惊蛰这天下雨，日后下雨天气多，可能会持续到清明；清明这天下雨，则还要继续下雨。

"惊蛰一犁土，春分土气动"

惊蛰日起，随着气温的升高，土地开始解冻，我国大部分地区将开始春耕生产。

"惊蛰百草动，催马快春耕"

惊蛰期间，随着气温升高，土地解冻，大地上的草木萌动，嫩芽露头，预示着繁忙的春耕生产即将开始。

"雁不过南不寒，雁不过北不暖"

大雁是候鸟，喜欢温暖的气候。寒冷的冬天大雁从北方飞到南方过冬；天气暖和了，又从南方飞回北方。

"腊八腊八，冻死寒鸦儿；腊八腊九，冻死小狗儿"

"腊九腊十，冻死小人儿"

"腊八腊八，冻掉下巴"

指腊月天气寒冷，要注意防冻。

"腊月二十三，灶王爷上天；腊月二十四，洗刷打扫办家事；腊月二十五，做豆腐；腊月二十七，买纸写对联；腊月二十八，宰鸡杀鸭；腊月二十九，上街去打酒；三十日，家家摆桌椅"

"腊月梅放立春先，云镇霄光雨水连；惊蛰初交河跃鲤，春分蝴蝶梦花间；清明时节风筝放，谷雨西厢好养蚕；牡丹亭立夏花零落，小簪小满布庭前；隔溪芒种渔家乐，又使耕耘夏至田；小暑白罗衫着休，望江亭大暑对风眠；立秋向日葵花放，处暑西楼听晚蝉；翡翠园中零白露，秋分折桂月华天；烂枯寒露惊鸿雁，霜降芦花红蓼滩；立冬畅饮麒麟酒，绣儒小雪咏诗篇；幽阖大雪红炉暖，冬至琵琶懒去弹。小寒高卧邯郸梦，一捧雪飘交大寒"

前一条指过年前的准备事项。后一条表示各节气的物候状况和一些民俗活动。

"寒露寒露，遍地冷霜"

白露期间天气转冷，开始出现露水，几乎遍地都有，地上还有霜。

"寒露不算冷，温度变化大，中午暖洋洋，早晨见冰碴"

寒露是天气开始转冷的时节，一天内的气温相差较大，中午天气暖和，早上则比较寒冷。

"寒露不算冷，霜降变了天，立冬先封地，小雪河封严"

寒露期间天气还不很冷。霜降期间因露水凝结成霜，气候就比较寒冷了。到了立冬，地面上开始结冰。小雪期间河面上都结满了冰，天气则很寒冷了。

"数伏不热，五谷不结"

夏天的三伏期间不炎热，喜温的五谷长不好。

"数九天风多，数伏天雨多"

若数九天风多，则预示来年伏天的雨多。

"群燕南飞天将冷，群燕北飞天转暖"

燕子是一种喜欢温暖的候鸟，它要随季节的变化而变更居住地。北方寒冷时，群燕将南飞；天气转暖时，群燕将飞回北方。

天文气象篇

"一点水一个灯，落到明朝也不停"

灯：雨打到水面上形成的泡。一点雨水一个泡，落到明天还不停，指还会继续下雨。

"一日春雷十日雨"

春雷是在强烈的暖湿空气影响下引起的，因此，春雷一声响，往往要连续出现几天的下雨天气。

"一日南风三日暴，三日南风狗钻灶"

春季南下的冷空气减弱后，带着南方暖空气的南风代替北风，这时将出现几天的暖和天气；吹几天南风之后，又出现冷空气南下的情况，天气又变冷了。

"一日南风三日暖，一日北风三日寒"

冬天吹一天南风，有三天的暖和天气，冬天吹一天的北风，有三天的寒冷天气。

"一年四季东风雨，唯有夏季东风晴"

一年四季中的春、秋、冬季吹东风都要下雨，唯有夏季吹东风天会晴。

"一场春雨一场暖"

立春以后，天气渐暖。这时，一次又一次的下雨，人觉得天气一次比一次暖和。

"一场秋雨一场寒"

立秋以后，每下一次秋雨就会增加一些寒气。

"一阵秋风一阵凉，三场白露两场霜"

白露之后，天气开始转凉，常有北方吹来的阵阵秋风，这时地面上的雾气夜间则在树枝和草地上凝结为白色的霜。

"一场春风，一场春雨"

有一场春风，就有一场春雨。

"一个星，保夜晴，满天星，明朝晴"

下雨后天空只出现一颗星，当晚就要转晴，如果满天都有星星，明天一定是晴天。

"一月见三白，田翁笑哈哈"

农历腊月间连续下三场雪，来年庄稼就会丰收，农民则高兴。

"一珥风，两珥阴，起了三珥刮大风"

珥：指一种耳环，这里指太阳周边的云珥。意指根据云珥可以预测天气。

"一鹅晴，二鹅雨，三鹅四鹅落大雨"

鹅：指雁。这里表示有雁在空中飞去。意指根据雁群数量可以预测天气。

"一黑一亮，大雨就在头上"

天色一阵黑、一阵亮，是即将下大雨的征兆。

"一年八十三场雨，麦子收到我家里"

农历八月、十月和来年的三月下雨，对麦子的生长成熟很有利，能使麦子丰收。

"一雾十晴，十雾九晴，久雾不收雨将临"

冬春期间，一天起雾和多天起雾都会是晴朗天气，但久雾不散则往往是要下雨的预兆。

"一九二九不出手，三九四九冰上走，五九六九沿河看柳，七九河开，八九雁来，九九加一九，耕牛遍地走"

"一九二九，相呼不伸手；三九二十七，篱头吹觱篥；四九三十六，夜眠如露宿；五九四十五，家家推盐虎；六九五十四，口中哈暖气；七九六十三，行人把衣单；八九七十二，猫狗寻阴地；九九八十一，穷汉受罪毕"

"一九二九不出手，三九四九缘凌走；五九半，凌磋散；春打六九头，脱袄换个牛；七九六十三，行人把衣宽；八九不犁地，只待三五日；九九杨花开，以后九不来"

"一九至二九，扇子不离手；三九二十七，冰水甜如蜜；四九三十六，汗湿衣服透；五九四十五，树头清风舞；六九五十四，乘凉勿大意；七九六十三，夜眠莫盖单；八九七十二，当心莫受寒；九九八十一，家家找棉衣"

"一九夏至天，羽扇握手间；二九一十八，脱冠脱罗纱；三九二十七，出门汗欲滴；四九三十六，席卷露天宿；五九四十五，炎秋似老虎；六九五十四，乘凉进庙祠；七九六十三，床头换被单；八九七十二，子夜寻棉被；九九八十一，开柜拿棉衣"

从冬至日开始算起，以九天为一个阶段，称为一个"九"。以上关于"九九"的谚语，是在没有科学天气预报的古代，人们凭借实践经验，简明扼要地概括出冬至后数九期间各地气温变化的特征、农事状况以及日常生活中的一些片段，形象而生动地反映了当时的情景，对农业生产和人们的生活起到了一定的积极意义。

"二月干一干，三月宽一宽"

农历二月晴天多，则三月雨水多。

"二月初二龙抬头，雷云雨水开始有"

农历二月初二是民间龙头节。这时正值惊蛰前后，天气渐暖，春雷乍动，冬眠动物开始活动，雨水天气增多，农民也陆续开始下地春耕。

"二月二，下几点，穷汉娃娃都买碗"

农历二月初二下雨，当年粮要丰收，穷人家也有吃的。

"二月二日晴，树叶落两层；二月二日下，花搭架"

农历二月初二晴，会有一段时间的寒冷天气，将已发芽的树叶冻坏，等天气转暖时再度发芽；二月初二下雨，当年棉花会丰收。

"二、八月响雷，遍地都是贼"

"八月一声雷，遍地都是贼"

农历二月和八月打雷下雨就预示着当年不会丰收，就会有很多贼来偷粮食吃。

"十二月南风现报"

农历十二月若吹南风则马上会下雨。

"十雾九晴"

连续早上起雾，一般都是晴天。

"八月南风二日半，九月南风当日转"

农历八、九月间因北方的冷空气南下，比较活跃，八月南风吹两三天之后，若遇北方冷空气南下，南风会很快停止；九月吹南风时，若遇北方冷空气南下，当天就会转为吹北风。

"三朝迷雾发西风，若无西风雨不空"

冬天连日大雾迷迷，空气潮湿，这时常会刮西风，即使没有刮西风也会下雨。

"下雪不冷融雪冷"

融雪时因空气中的热量被雪吸收，使气温降低，人们感到融雪比下雪时寒冷。

"大暑小暑，淹死老鼠"

大暑、小暑期间，我国许多地区常出现狂风暴雨天气，形成涝灾，淹死老鼠是形容雨水来势凶猛。

"大暑一声雷，十七、八个野黄梅"

大暑期间常出现雷阵雨天气，提醒人们要注意防汛、防涝。

"大暑小暑紧相连，气温升高热炎炎，万户庄稼长得快，水肥管理是关键；北方雨季已来到，南方易涝也易旱；台风暴雨均需防，还要注意伏里干"

这条谚语简明扼要地反映了我国暑天期间南、北方的气象和农事活动特点，提醒人们要根据天气变化及时注意防旱、防涝、防风暴，搞好田间管理。

"大蛇过洞要涨水"

"大蛇出洞，暴雨相送"

大蛇出洞预示要下暴雨或涨水。

"大蜈蚣出洞，雪天雨相送"

冬天蜈蚣出洞，预示有雨雪天气。

"大华晴，小华雨"

华：彩色的光环。月亮周围出现大华，表明天气比较稳定，云中的水滴或冰晶很少，是晴天的征兆；反之则是下雨的征兆。

"上昼天上薄薄云，下昼地上晒煞人"

上午天上云层稀薄，下午将是大晴天。

"上昼疾雷下昼雨，下昼闷雷三日雨"

指上午雷疾下午有雨，下午打闷雷要连下三天雨。

"小暑怕东风，大暑怕红霞"

小暑前后十天内若吹东风，则有台风来临；霞是天空出现的彩色现象，大暑前后早晚天空泛出红霞，将有台风。

"小暑东北风，不久有台风"

小暑这天吹东北风，预示即将有台风来临。

"小暑南风十八朝，晒得南山竹叶焦"

小暑正值初伏前后，它标志着一年中最热的季节即将开始，这时若刮几天南风，天气会更炎热。

"小暑南风作旱，伏天西北腊冰坚"

小暑吹南风，日后会干旱。伏天吹西北风，腊月天气寒冷，要结冰。

"小暑热透，大暑凉飕飕"

小暑期间出现大热天，大暑期间会出现凉爽的天气。

"小雪流凌不流凌，大雪封河定封河"

凌：冰。小雪期间河面上的冰块还小，可以随水流动；大雪期间河面上的冰已连成一块，把整个河面都封住了。

"小环风，大环雨"

月亮周围出现小的晕环主风，月亮周围出现大的晕环主雨。

"小鸡叫不停，不久雨淋淋"

小鸡不停地啼叫，是即将下雨的征兆。

"小蚂蚁打架凶，定有大雨和大风；大蚂蚁打洞忙，准是风狂雨也狂"

小蚂蚁打架和大蚂蚁打洞都是大雨和大风即将来临的征兆。

"小燕爬地蛇过道，蚂蚁搬家山戴帽，水瓮出汗蛤蟆叫，全是大雨兆"

山戴帽：云盖山顶。以上物象都是大雨即将来临的预示。

"山雾雨，河雾晴"

早晨雾气罩在山峰的四周久久不散开，是要下雨的征兆；早雾沿河沟缥缈则当日是晴天。

"山上竹鸡叫，明天雨就到"

"山鸡叫不停，单等雨淋淋"

竹鸡形似鹧鸪，多生活在竹林里。竹鸡叫预示有雨。

"山鹊早叫阴，晚叫晴，中午叫得水淋淋"

指用山鹊叫的时间来预测天气。

"山色青，天气晴；山色白，雨将临"

指通过观察山的颜色来预测天气。

"久晴大雾必阴，久雨大雾必晴"

久晴后出现大雾，是天气即将转为阴雨天的征兆；久雨后出现大雾，是天气即将转晴的征兆。

"久晴西风雨，久雨西风晴"

久晴后刮西风是天将下雨的征兆，久雨后刮西风是天将转晴的征兆。

"久晴鹊噪雨，久雨鹊噪晴"

多日的晴天出现群鸟连续的啼叫，是天气即将转雨的征兆；多雨天鸟叫则天气将要转晴。

"久雨傍晚停，一定天转晴"

长时间的雨天突然在傍晚停止，预兆天气即将转晴。

"久雨现星光，明朝雨更旺"

多日的雨天突然晚上天空出现星光，是第二天的雨势会更大的征兆。

"久雨闻鸟声，不久天转晴"

长时间下雨使空气潮湿，鸟也不舒服，会出巢飞翔啼叫。如久雨后听到鸟声频频，表示晴天即将来临。

"久雨猛晴，还有雨淋"

多日的雨天后出现大晴天，预示着还将下雨。

"久雨东风更不晴，久旱西风更不雨"

久雨吹东风是还会下雨的征兆，久旱吹西风是还要继续天晴干旱的征兆。

"久旱南风不下雨，久雨北风更不停"

久旱吹南风还不会下雨，久雨吹北风还要继续下雨。

"久旱逢庚变，雨涝逢甲晴"

久旱天气逢干支纪日的庚日，有可能下雨；久雨天气逢干支纪日的甲日，有可能转晴天。

"久不晴看丙丁，久不雨看戊己"

多日的阴雨天气，逢干支纪日的丙、丁日可能转晴；多日不下雨的天气，逢干支纪日的戊、己日可能会下雨。

"夕阳红霞，无水烧茶"

日落西山时，天空出现红霞，预示第二天是晴天。

"井水浑，雨跟紧；缸穿裙，雨淋淋"

穿裙：返潮。井水浑浊，水缸返潮，都是要下雨的前兆。

"井水是个宝，前兆来得早，不是涨，就是落，甜变苦，苦变甜，又发浑，又翻花，水打旋，冒气泡，见到了，要报告"

井水的异常现象，是地震前的预兆。

"天上钩钩云，地下雨淋淋"

钩钩云：在气象学上被称为钩卷云。钩卷云出现表明有低气压或明显的低气压槽移来，预示着天要下雨。

"天上鲤鱼斑，明日晒谷不用翻"

鲤鱼斑：透光高积云，它一般是在高气压控制下的表现。预示着近日天气晴好，晾晒的谷物不用翻就能晒干。

"天上赶羊，地下雨不强"

天上赶羊：天空中出现碎积云。天空出现碎积云预示近日不会下雨，即便下雨雨量也很小。

"天黄有雨，人黄有病"

天空变成昏黄色，是风雨即将来临的征兆；人面色发黄，是身患疾病的征兆。

"天怕变黄，人怕肚胀"

天空出现黄色是即将下雨的征兆；人的肚子发胀，是有疾病缠身的征兆。

"天变雨要到，水变地要闹"

晴天天色发生变化，大多要下雨；地上的水质发生变化，有发生地震的可能。

"天气闷热，不久雨急"

"天热人又闷，来雨不用问"

当人体感到天气很闷热时，预示着天将下雨了。

"天上星光闪，必有大风来"

空中出现星光不断闪烁的现象，是即将要刮大风的征兆。

"天上炮台云，一定有雨淋"

炮台云系堡状高积云，它是低压槽的前部，是空气不稳定的表现，预示着即将下雨。

"天上馒头云，地上晒死人"

天空出现形似馒头的淡积云，是即将出现大太阳的天气的预兆。

"天上梭子云，晴天将来临"

梭子云系天空出现的荚状高积云，这种云如量小且很少变化，是即将天晴的表现。

"天上丝锦云，等雨等煞人"

丝锦云：毛卷云。如毛卷云在天空孤立出现，表明高空稳定，预示天将久晴。

"天上云交云，地上会雨淋"

云交云：指两层以上的云。云向不同方向移动，是天空中风向不一致的表现，它常发生在冷暖空气交界处的附近，是即将下雨的征兆。

"天上悬球云，雷雨快来临"

悬球云是雷雨云底部出现的波浪形云层，预示即将出现连续的雷雨天气。

"天上有了扫帚云，不出三天大雨淋"

日落时天空出现形似扫帚的云彩，是三天内有雨的征兆。

"天将雨，鸠逐妇"

鸠：斑鸠；妇：雌斑鸠。雄斑鸠追逐雌斑鸠是天将下雨的征兆。

"云交云，雨淋淋"

云交云指两层或多层云向不同的方向移动，表明风向不一致，它往往发生在冷暖空气交界面的附近，预示着天即将下雨。

"云向东，一场空；云向南，雨成潭；云向西，披蓑衣；云向北，雨没得"

"云向东，一场空；云向南，雨绵绵；云向西，披蓑衣；云向北，枉自黑"

这是依据云的移动方向来观察天气。云向东、北方向移动不会下雨；云向西、南方向移动，预示着要下大雨。

"云罩中秋月，雨打上元灯"

上元：元宵节。如果农历八月十五中秋节晚上月亮被云遮住，来年元宵节这天则会下雨。

"云层乱，上下翻，不下好雨下冷蛋"

"云彩打转转，好下冰蛋蛋"

天空中云层上下翻搅，是即将下冰雹的征兆。

"云从北边来，彤天晒干柴"

指上午云从北边移来将是大太阳天。

"云从南边来，大雨不过晌"

指上午天空中南边的乌云逐渐增多，很快就有大雨来临。

"云从西边起，有雨不过午"

指上午西边天空的乌云向上移动，中午之前就要下雨。

"云像鱼鳞形，明天一定晴"

傍晚天上出现鱼鳞形的云层，预示第二天将会是晴天。

"云如宝塔，大雨要发"

宝塔云系塔状高积云，它是低压槽的前部，通常是空气不稳定的表现，预示即将下大雨。

"云下山顶必有雨，云向高山好晒衣"

指云层向山下移动要下雨，云层向高山上移动要出太阳。

"云雾弥漫要下雨，寒风吹来要降霜"

夏秋季，云多雾浓是要下雨的征兆。秋冬季北风带着冷空气南下，使南方的气温下降，地面上的水蒸气在低温的作用下，在地上或植物表面上凝结一层白色的霜，称为降霜。

"不怕寅时雨，只怕卯时雷"

凌晨寅时（凌晨三至五时）下雨一般不会大，不可怕；而清晨卯时（早上五至七时）若打雷，则可能暴雨即将来临。

"不怕云黑，只怕云里红夹黑"

天上的浮云红中夹黑，是要下冰雹的征兆。

"太阳出来即遇云，无雨必天阴"

旭日东升时，乌云接着太阳，是阴雨天的征兆。

"太阳现一现，三天不见面"

"太阳笑，淋破庙；太阳现，三天不见面；亮一亮，下三丈"

春季或夏季之交的雨天，中午云层一度裂开，太阳随之显现，接着云层又聚集变厚，继续恢复阴雨天气。

"太阳落山云来抱，不到半夜雨就到"

"太阳落入云，下雨不等明"

太阳下山时，天上的乌云接着太阳，然后乌云又向东移，这是当天夜里要下雨的征兆。

"太阳月亮穿外衣，不是刮风就是雨到"

太阳、月亮周边出现晕环，是要刮风和下雨的征兆。

"太阳落山乌云红，明天晒得腰背痛"

太阳落山时，天上的乌云变成紫红色，第二天将是大太阳的天气。

"瓦块云，晒死人"

天空出现形似瓦块的云，预示要出太阳，气温高，天气十分炎热。

"日出胭脂红，无雨便是风"

"日出残月胭脂红，非雨即是风"

"日出东方红，近期无雨也有风"

旭日东升时如天空出现胭脂似的红色，表明天空中的水汽增多，是风雨即将来临的征兆。

"日出东南风，没雨也有云"

太阳出来时刮东南风，即使不下雨，天上也会有云。

"日出天色紫，下雨还不止"

"日出黑云生，不雨也有风"

"日出卯时云，无雨也要阴"

"日出云里日落吞，风雨就在后头跟"

太阳出来时天空中有紫色的云层，如下雨短时间内不会停止。

"日出血红天气热，中午转阴有冰雹"

太阳升起时呈深红色，而且这时天气又很炎热，到中午时天气又转凉，预示即将下冰雹。

"日落乌云涨，半夜听雨响"

"日落乌云涨，半夜听雷声"

如果太阳落山时，天空的乌云不断增多，半夜就会有雷雨天气到来。

"日落三条箭，隔天雨就现"

太阳落山时，天空中出现像箭似的三条云彩，是第二天要下雨的征兆。

"日落云没，不雨定寒"

太阳下山时，天空中的乌云很多，太阳都被遮住了，这天晚上不下雨也一定会降温。

"日没起清光，来日必酷热"

"日没火烧云，明天烤死人"

太阳下山时，天空出现很亮的清光，是天空中水汽少的征兆，第二天一定是一个很热的晴天。

"日落射脚，三天雨落"

射脚：从云层中出现的太阳光。傍晚出现日射脚，是即将出现连续几天下雨的征兆。

"日落红云上，明天好太阳"

太阳落山时，天空升起红色的云层，预示第二天是晴天，适宜收割和晾晒粮食。

"日落云里走，雨落半夜后"

"日落云头起，半夜听雷吼"

太阳在云中落山，当晚下半夜将有雨。

"日落云雾低，必定要下雨"

太阳下山时，低空有云雾，预示近期会下雨。

"日没胭脂红，无雨也有风"

日落时，西边天空呈胭脂似的红色，预示第二天不下雨也要刮风。

"日头钻嘴，冻死小鬼"

钻嘴：太阳刚从地面上露头。冬天太阳刚出来时，天气还很冷。

"日光生毛，大雨滔滔"

太阳周围有光环，是要下大雨的征兆。

"日晕三更雨，月晕午时风"

"日戴帽下三更雨，月戴帽来午时风"

白天太阳边出现晕环，预示半夜要下雨；月亮周围出现晕环，预示第二天要刮风。

"日枷风，月枷雨"

枷：旧时套在犯人脖子上的锁。这里表示日晕、月晕。如果太阳周围出现光环，是即将刮风的征兆；如果月亮周围出现光环，是即将下雨的征兆。

"日若当午见，三天不见面"

当天中午下雨，突然出现太阳，预示近日还要下大雨。

"水底泛青苔，必有大雨来"

青苔是在阴湿的地上长出的绿色植物。春、夏、秋季中，水底泛起青苔，是即将下大雨的预兆。

"水九旱三春"

数九天里多雨，春分、清明、谷雨这几个春天的节气中晴天少雨的天气则多。

"水坑冒泡，大雨来到"

地上水坑里连续冒出水泡，预示大雨即将来临。

"公鸡田鸡迟钻窝，两天之内风雨多"

鸡和青蛙进窝晚是风雨天气即将来临的征兆。

"公鸡晒脚，必有雨落"

公鸡躺在地上晒太阳，预示要下雨。

"月亮撑红伞，有大雨；月亮撑黄伞，有小雨；月亮撑蓝伞，多风云；月亮撑黑伞，大晴天"

这是依据晚上月亮周围不同颜色的光轮来预测天气。月亮周围的光轮表示空中水汽的多少，红色光轮水汽最多，有大雨；黄色光轮次之，有小雨；蓝色光轮再次，有风云；黑色最小，是大晴天。

"月如悬弓，少雨多风；月如仰，不求自下"

悬弓：指月牙缺口向下；仰：指月牙缺口向上。月牙缺口向下多风，月牙缺口向上多雨。

"月落西方云，明朝雨不停"

"月下有横云，日里雨倾盆"

月亮在乌云中落山，第二天估计是雨天。

"月落云里走，等不到放枕头"

月亮在云中落山，预示很快要下雨。

"月落星稀，定有大雨"

月亮落山时，天空中的星少且发出蒙蒙的暗光，是即将下大雨的征兆。

"月亮戴枷，明朝晒死鱼虾"

"月亮戴枷，刮风起沙"

月亮周围有晕环，第二天将是大太阳天气或刮风。

"月亮戴大圈有风，月亮戴小圈有雨"

月亮周围有大晕环要刮风，月亮周围有小晕环要下雨。

"月亮白光光，明天要有霜"

月亮呈白色，预示第二天早晨有霜。

"月儿亮，星儿稀，明天是个好天气"

月亮清晰明亮，天空中的星星也少，预示第二天是一个好天气。

"风风凉凉，晴到重阳"

农历九月初九重阳节前一段时间是凉爽晴朗的天气，晴天则会持续到重阳节。

"风灾一条线，水灾一大片"

遭受大风袭击，受灾害的地方一般是连成长长的一条线；而遭受水灾时则往往影响的是一大片地区。

"风吹一百五，雨洒清明节"

一百五：指一百零五天。冬至日刮风，一百零五天后的清明节要下雨。

"风和雨对行，天气不得晴"

刮风时又下雨，雨要连续下。

"风停闷热，雷雨强烈"

夏天刮风停止后天气闷热，还会有强烈的雷雨天气。

"风不扎脸是春天"

春天已开始暖和，风刮在人的脸上不觉得有刺脸的寒气。

"风后暖，雪后寒"

寒风之后阳光散发出大量的热气，使人感到天气暖和；下雪过后因溶化冰雪需要大量的热量，气温因此突然下降，使人感到天气十分的寒冷。

"风吹弥陀面，有米弗肯贱；风吹弥陀背，有米弗肯贵"

弥陀：指佛，寺庙的佛像面南偏西。风从南方来主旱，粮食歉收，米要涨价；风从东、北来主雨，粮食丰收，米价下跌。

"风后跟雨，雨后跟晴"

刮风后紧接着下雨，雨下不久，很快将转为晴天。

"风急风大风向乱，一场大雨在跟前"

风来得凶猛，风向又不断变化，是大雨即将来临的征兆。

"风与云逆行，一定雨淋淋"

风向与云游动的方向相反，预示即将下雨。

"乌云接日头，半夜雨稠稠"

"乌云接太阳，猛雨两三场"

"乌云接落日，不落今日落明日"

太阳下山时，天上的乌云接着太阳，然后乌云又向东移，这是要下雨的征兆。

"乌云遮西，大道成溪"

春、秋、冬三季，如果西边天空乌云密布，是要下暴雨的征兆。

"乌云在东，有雨不凶；乌云在南，河水翻潭"

夏天天空的东边有乌云，将会下小雨；如果乌云在天的南边，则将有暴雨来临。

"乌云紫红疙瘩多，小心冰雹砸脑壳"

如果天空中的乌云变成紫红色，并有许多疙瘩，是要下冰雹的征兆。

"乌鸦燕子飞得低，明天一定雨凄凄"

乌鸦和燕子在低空飞行，是第二天要下雨的征兆。

"乌鸦成群过，明日天必阴"

乌鸦在天空中成群飞行，预示第二天是阴天。

"乌鸦成群叫，寒潮就来到"

乌鸦成群在树上或空中啼叫，预示即将有寒潮到来。

"乌龟看天，天气要变"

指乌龟头朝天看，预示天气将发生变化。

"乌龟壳湿了有雨"

乌龟多在旱地上爬行，如乌龟壳有潮湿现象，天将下雨。

"火烧乌云盖，大雨快到来"

一旦乌云将太阳遮住，往往是即将下大雨的征兆。

"火烧云，晒死人"

火烧云：指日出或日落时出现的赤色云霞。如果天空出现火烧云，当天或第二天，会是一个大晴天，而且非常炎热。

"正月寒，二月温，正好时候三月春；暖四月，燥五月，六月七月天气热；不冷不热是八月；九月凉，十月寒，严冬腊月冰冻天"

这首谚语歌反映了农历各月的气象特征。

"石头出汗，塘水要满"

"石滚发潮像出汗，久旱下雨不用算"

石头上长水珠，预示有雨。

"东风急披蓑衣"

蓑衣：棕皮或长草编制的遮雨衣帽。如东风吹得很急，是快要下雨的征兆。

"东闪太阳红，西闪雨重重，北闪当面射，南闪闪三夜"

"东闪日头西闪雨，南闪火炉开，北闪有雨来"

夏、秋相交之时，东方闪电表示即将出太阳，西方闪电雨水连绵，北方闪电即将下雨，南方闪电迟迟不雨。

"东虹日头，西虹雨；虹高日头低，早晚披蓑衣；虹低日头高，明天好天气"

彩虹在东方出现，是天晴的征兆；彩虹在西方出现，则是即将下雨的征兆；彩虹高日头低，早晚都会下雨；彩虹低日头高，第二天是晴天。

"东鲎日头西鲎雨"

鲎：方言，指彩虹。天空的东边有彩虹预示要出太阳，天空的西边有彩虹则要下雨。

"东明西暗，等不到撑伞"

天空的东边明亮西边阴暗，是大雨马上要到来的征兆。

"东风急溜溜，难过五更头"

有急速猛烈的东风出现，当天夜里就要下雨。

"东北风，雨公公"

吹东北风，预示很快要下雨。

"东边发霞，等水烧茶；西边发霞，干死蛤蟆"

霞：指天空和云层中呈现的彩色现象；蛤蟆：即癞蛤蟆。天的东边有霞，很快要下雨；天的西边有霞，不会下雨，而且会天干。

"田鸡叫午前，大年在高田；田鸡叫午后，低田不用愁"

田鸡：青蛙。青蛙在中午前啼叫，日后雨水多，山上的田地都会丰收；青蛙在中午后啼叫，日后雨水少，只有山下的田地才有水，收粮有保证。

"白云赶黑云，天气要变晴"

下雨后天空中的白云跟着黑云走，是晴天即将来临的征兆。

"白云黑云对着跑，要下冰雹小不了"

天空中的白云和黑云对着走，是要下冰雹的征兆。

"白云午后变黑云，雷暴风狂雨倾盆"

中午时天空的白云变成黑云，是炸雷、狂风和暴雨即将来临的征兆。

"半夜五更西，天明拔树皮"

半夜五更时刮西风，第二天一早的风势会更大，有可能吹断树枝、刮掉树皮。

"老鲤鱼斑云障，晒死老小和尚"

老鲤鱼：云气象学称为高积云，形似鲤鱼鳞。天空布满鲤鱼斑似的云块，预示第二天将是暴热的晴天。

"芒种下雨火烧鸡，夏至下雨烂草鞋"

芒种日下雨，日后天气炎热；夏至日下雨，日后还要连续下雨。

"西南天空虹出现，明日有雨落绵绵"

如果天空西南方向出现彩虹，是第二天要下雨的征兆。

"西北雨，落不过田埂"

夏天常见的雷雨（骤雨）来自西北方向，雨来得快，去得也快。

"西北开天锁，明朝太阳大"

开天锁：指下雨或阴天时，天空西北方向云层裂开，露出一块蓝天。这是天气即将转晴的征兆。

"西南雷，大雨随；西南闪电，有雨不过夜"

如果西南天空打雷，是大雨即将来临的征兆；如果西南天空有闪电，即使下雨也一会儿就会过去。

"西虹云，东虹雨"

西边的天空出现彩虹，是多云的天气；天空的东方出现彩虹，是下雨的天气。

"西北风，燥烘烘；东北风，雨漾漾"

刮西北风，是气候干燥的晴天；刮东北风，预示天很快要下雨。

"西北黑云生，且听雷雨声"

西北天空乌云滚滚，预示很快就会有雷雨到来。

"西北有红黄云，雹雨来临"

西北天空出现许多赤黄色的云彩，预示着即将下冰雹。

"西风下雨，东风停，正经人说也不听"

吹西风时下雨，转吹东风时，雨天会很快结束。

"西风不过酉，过酉连夜吼"

刮西风一般不会过酉时（下午五至七时）；如刮西北风超过酉时，晚上的风会刮得更大。

"西风不过辰，过辰吓死人"

刮西风常常在辰时（早上七至九时）结束，超过此时，风会越刮越大。

"西南转东北，大风大雨在眼前"

西南风转为东北风，很快就要转为大风大雨的天气。

"西南转西北，搓绳来绊屋"

西南风转成西北风，风势会更加凶猛，有可能将不牢固的房屋吹倒。

"西风吹得急，东风来回敬"

凶猛的西风吹过之后，会转过来刮东风。

"早起雷当日晴，午起雷落一阵；晚起雷不到明"

早上打雷，雷雨之后即将转为晴天；中午打雷一般是指夏季炎热天气里的雷雨，来去匆匆，很快就会结束；晚上打雷，雷雨不到第二天天明就会停止。

"早起红丝丝，等不到吃饭时"

早晨天空中出现红霞，是午饭前就要下雨的预兆。

"早看东南，晚看西北"

"早看东南黑云开，今日有雨不出门；晚看西北黑云升，黑夜有雨不到明"

"早看东南阴，必定有雨淋；晚看西北明，明日必定晴"

"早看东南黑云升，今日有雨不出门；晚看西北黑云升，黑夜有雨不到明"

早上在东南方的天空中出现许多乌云，预示着天快下雨；晚上在西北方的天空中出现许多乌云，也预示着快下雨了。

"早上起浮云，午后晒死人"

早上天空有浮云，当日将是一个大晴天。

"早上起霞，等水烧茶；晚上起霞，晒死青蛙"

霞：日光斜射在天空中，由于干空气的散射作用使天空和云层呈黄、紫、红色的自然现象。早上若天空有霞，预示要下雨；晚上天空有霞，则是将有大晴天来临的征兆。

"早晨云满天，必定下满湾"

早上天空乌云滚滚，是将下大雨的征兆。

"早虹雨滴滴，晚虹晒破皮"

虹：彩虹，彩虹是天空中的小水珠经日光照射和反射作用而形成的弧形彩带。早上出现彩虹要下雨，晚上出现彩虹第二天将是大晴天。

"早看天顶，晚看天边"

早上起来看天空的顶部清明，则当天无雨，晚上看天空的周边发亮，则是第二天要下雨的征兆。

"早上露水特别大，一两天内有雨下"

早上地面上的露水很多，是近两天要下雨的征兆。

"早起天无云，日光渐渐明"

早上天空光亮无云，是晴天的征兆。

"早起东风刮，下雨不等黑"

"早起东风急，有雨不等黑"

早上刮东风，当日不到天黑就要下雨。

"早雾晴，晚雾阴，半夜起雾等不到明"

"早雾晴，晚雾阴，中午雾了雨淋淋"

早上起雾要天晴，晚上起雾是阴天，半夜起雾很快就要下雨。

"早上胭脂红，无雨必有风"

早上天空出现胭脂似的红色，表明天空中的水气增多，是风雨即将来临的征兆。

"早蛙叫，水缸潮，下雨天气就会到"

早上青蛙啼叫，水缸表面有水滴，预示很快就要下雨。

"早蛙阴，晚蛙晴，夜里蛙叫不到明"

早上青蛙啼叫，当天是阴天；晚上青蛙啼叫，第二天是晴天；夜间青蛙啼叫，当晚就要下雨。

"早上斑鸠叫天晴，晚上斑鸠叫天阴"

用斑鸠叫的时间来辨别天气。

"早上浮云走，午后晒死狗"

早上天空中的浮云频频移动，是午后要出大太阳的征兆。

"早上下雨当日晴，晚上下雨到天明"

早上下雨，当天就晴，晚上下雨则要一直下到第二天天亮。

"早晨地罩雾，尽管晒衣服"

早晨浓雾罩地，当天要出太阳。

"早烧不等黑，晚烧半个月"

早晨天空出现紫红色的云彩，当天要下雨；晚上出现这种云彩，则会出现一段时间的晴天。

"早霞不出门，晚霞行千里"

霞：指天空和云层中呈现的彩色现象。早上出现霞是天要下雨的征兆，晚上出现霞是天气要晴的征兆。

"早晨乌云遮东，不下雨也有风"

早晨东边天空乌云滚滚，当日即使不下雨，也会刮风。

"早东暗西，大小溪流"

暗：指晚上。早上刮东风，晚上刮西风，都将有暴雨来临。

"早上白云走，当天晒死鬼"

早上白云在空中移动，当天会出大太阳。

"早鸡进笼必天晴，晚鸡进笼必天阴"

用鸡进笼早晚来预测天气。

"早上雷，当日晴；午雷起，落一阵；晚雷起，不到明"

早上打雷，当天要晴；中午打雷，有阵雨下；晚上打雷则很快就要下雨。

"早上鹁鸪鸣，中午天空淋"

"早起西北黑，半夜不得歇"

"早上乌云盖，无雨风也来"

"早晚烟扑地，苍穹大雨意"

上列现象是要下雨的征兆。

"严霜出杲日，雾露好晴天"

杲：明亮之意。清晨有浓霜、雾、露，当天会是一个有太阳的好天气。

"连年雪打灯，一定好收成"

灯：指正月十五元宵灯节。连续几年正月十五下雪，预示庄稼长得好，粮食要丰收。

"连日刮东风，不雨也难晴"

连续几日刮东风，一般是下雨的征兆，即使不下雨，天也难晴。

"连日南风天气阴"

连续几日刮南风，预示将有阴天来临。

"连声轰雷黄云翻，不下好雨下冷蛋"

连续打雷再加上天空有黄云不断翻腾，是要下冰雹的征兆。

"乱云天顶绞，风雨来不小"

乱云：指天空中有多层云；绞：指云层扰动、不稳定。这是狂风暴雨即将来临的征兆。

"闷声雷，冷蛋来"

"闷雷横闪，雹子大如碗"

"闷雷响天边，大雨在眼前"

以上谚语中雷声的异常现象，是要下冰雹或大雨的征兆。

"闷热三天，大雨就在眼前"

闷热是因气压低引起人身体出现不舒畅感觉，这常常是下雨的前兆。

"鸡不入笼有大雨"

"鸡不进窝雨来临"

"鸡宿迟，兆阴雨"

"鸡出笼早，当天雨就到"

下大雨之前，天气闷热，鸡不肯回笼休息，乐于待在外边乘凉，这都是即将下雨的征兆。

"鸡早宿窝必天晴"

"鸡鸭早归笼，明天太阳红通通"

"鸡在高处鸣，雨止天要晴"

以上谚语中鸡和鸭的行为是要出太阳的征兆。

"鸡在半夜闹，是个风雨兆"

"鸡不欢，羊抢草，风和雨少不了"

"鸡晒翅，天落雨"

"鸡斗雨，鸭斗晴"

"鸡不进窝老牛叫，当天定有雨来到"

以上农谚中，用鸡、鸭等动物的行为来预示天气变化。

"青蛙打哈哈，四十五天吃疙瘩"

吃疙瘩：指吃灰面粑。春天听到蛙声之后，再过四十五天麦子就要成熟，可以收割，吃面粑了。

"青蛙田里叫，谷种田里跳"

春天听到蛙叫后，即可整田撒稻种。

"青蛙叫，蛇过道，蚂蚁搬家大雨到"

"青蛙叫声哑，雨点噼噼啪啪"

"青蛙路上叫，大雨就要到"

"青蛇出洞，有雨有风"

以上动物的行为是下大雨的征兆。

"顶天长日塔，午后雹子落"

天顶出现许多白塔似的云块，是即将下冰雹的征兆。

"松木门窗不易开，不出两天有雨来"

大雨前因空气潮湿，空气中的湿气浸入木门，使木料膨胀。开门窗时不易拉开，关门窗时也不易推进，这种现象是近日要下雨的征兆。

"雨中闻蝉鸣，预告晴天到"

"雨中知了叫，预告晴天到"

夏、秋季的雨天中蝉叫，预示天气即将转晴。

"雨天蛇出洞"

下雨后天气凉爽，蛇喜欢爬出洞外乘凉。

"雨后猪乱跑，天气要转好"

下雨过后猪乱跑，预示天将转晴。

"雨前麻花落不大，雨后麻花落不久"

麻花：指小雨。先下小雨，这场雨下不大；大雨过后下小雨，这场雨下不久。

"知了叫，割早稻，知了飞，堆草堆"

知了叫要晴，可收割稻谷；知了飞要下雨，可收草堆放。

"金正月，银二月，不热不冷三四月；恶五月，热六月，鲜桃果木七八月；九月温，十月冷，冬月有个小阳春；进了腊月冷几回，年前年后就打春"

指农历各月中的气候特征。

"鱼跳水，有雨来"

"鱼跳河水，不下有鬼"

春、夏之际，水田、池塘中常有鱼跳出水面或浮在水面的现象，这是由于大气气压低、湿度大的原因，是天要下雨的预兆。

"鱼鳞天，不雨也风颠"

"鱼鳞天，泪涟涟"

鱼鳞：在气象学上称为卷积云。卷积云的出现，往往是刮风下雨的预兆。

"鱼儿若出水跳，定有雨来到"

"鱼露嘴，要下雨"

"鱼抬头，雨下流"

"鱼池起泡泡，几天大雨到"

"鱼儿浮水面，斗笠相见"

"鱼儿水面游，下雨有盼头"

以上谚语中，鱼的反常行为都是要下雨的征兆。

"狗泡水，天将雨"

由于狗没有毛孔，无散热的汗腺散热，只能用嘴巴和舌头散热。炎热的夏天出现闷热的天气时，狗喜欢到水塘里泡水散热，故闷热天见到狗泡水的现象，是天将下雨的征兆。

"狗吃青草蛇过道，龙王驾云几天到"

"狗吃草，猫打滚，老天爷不下问艾根"

以上动物的异常现象，预示天将下雨。

"夜里星光明，明早天气晴；久雨现星光，明日雨更旺"

晚上星光明亮，第二天是晴天；久雨中的晚上有星光出现，预示第二天还要下雨。

"夜里打了霜，日里有阳光"

冬天夜里起霜，来日天晴。

"河水鱼打花，当天有雨下"

"河鱼跳，大雨到"

鱼在水面上激起波浪或浪花，是要下雨的征兆。

"河雾河雾，晒破驴肚"

雾气在河上缭绕，是要出大太阳的征兆。

"河罩晴，山罩雨"

云雾在河上缭绕是天晴的征兆，云雾在山头上缭绕是将下雨的征兆。

"泥鳅暴跳，风雨必到"

"泥鳅乱打滚，大雨靠得稳"

"泥鳅翻白肚，大雨冲水库"

下雨前气压低，水中氧气缺乏，泥鳅浮出水面不断蹿跳、打滚，这种现象预示第二天要下雨。

"空心雷，不过午时雨"

早晨一阵雷响，中午前一定有雨。

"春南夏北，有风必雨；春东夏西，雨随风起"

"春东夏西，准备雨衣；春南夏北，风卷雨水"

春天吹南风，夏天吹北风，都是要下雨的征兆；春季吹东风，夏季吹西风，不是刮大风就是要下雨的征兆。

"春东风，雨祖宗；夏东风，燥烘烘；秋东风，晒死老虾公；冬东风，雪花白蓬蓬"

春天吹东风有雨，夏天吹东风天晴，秋天吹东风有大太阳，冬天吹东风要下雪。

"春罩有雨，冬罩是晴"

罩：指雾。春天早晨有雾且收不了，天将下雨；冬天早晨有雾且易收，则要出太阳。

"南霜北雪"

冬天若吹南风，当晚要打霜，第二天将天晴；冬天若吹北风，当晚会降温，还要下雪。

"南风吹到底，北风来还礼"

春、冬两季，如果连续几天刮南风后，常常会有北风到来。

"南风吹暖北风寒，东风多湿西风干"

吹南风时温度较高，吹北风时温度较低，吹东风大多要下雨，吹西风一般要天晴。

"南风送九九，干死荷花气死藕；北风送九九，水盖江边柳"

九九指农历九月初九，这时江南一般要吹南风，并出现一段时间的干燥天气，荷花塘里也会缺水。这时，若吹北风，则容易出现下雨天气。

"南风吹雾晴，北风吹雾雨"

吹南风容易把雾气吹散，出现晴天；吹北风会带来雾气将下雨。

"南风尾，北风来"

南风一般都是越刮越大，大风快要结束时风势特别凶猛；北风则开始时风势最大，以后越刮越小。

"南闪半年，北闪眼前"

夏季如南方的天空出现闪电，将有一段较长时间的晴天；如北方出现闪电，那么很快就将下雨。

"咸菜缸起泡，下雨之兆"

"咸肉滴卤，雨水如注"

"面粉咸鱼潮，不久有雨到"

"柱脚石潮湿，近日天将雨"

以上现象是天将下雨的征兆。

"鸦浴风，鹊浴雨，八哥洗澡断风雨"

根据鸦、鹊、八哥下水洗澡，预示不同的天气变化。

"星光含水，雨将临"

天晴的晚上，星星周围出现蒙蒙亮的光圈，是即将下雨的预兆。

"虹挂东，一场空；虹挂西，雨弥弥"

雨后彩虹出现在东边，不会再下雨；彩虹出现在西边则有大雨。

"蚂蚁垒窝要落雨"

"蚂蚁搬家，大雨哗哗"

"蚂蚁搬家蛤蟆叫，燕儿低飞蛇过道"

"蚂蚁搬家蛇过道，水缸出汗山戴帽"

"蚂蚁围窝羊抢草，蛇过道雨水浇"

"虾子成群水面游，有雨跟着在后头"

以上谚语中，蚂蚁和其他动物的异常行为，都是天要下雨的征兆。

"蚂蚁下搬日炎炎"

蚂蚁由上往下搬家预示晴天即将来临。

"蚂蟥翻滚，天要下雨"

蚂蟥在水中翻滚是下雨的征兆。

"蚂蟥浮水面，天要晒死人"

"蚂蟥沉水底，晴空太阳起"

"蚂蟥直线走，天气晴得久"

以上谚语中，蚂蟥的异常行为，预示将出现晴朗的天气。

"蚂云朝东，有雨不凶；蚂云朝南，洪水翻船"

蚂云：指彩虹。彩虹朝东会下小雨，彩虹朝南要下大雨。

"响雷晴，闷雷雨"

雷声响亮天要转晴，雷声沉闷则天要下雨。

"秋寒如虎"

秋天的天气变化大，有时冷空气突然袭来，人们因没有准备受寒生病。

"秋后三场雨，夏货收拾起"

立秋以后，北方南下的冷空气与南方的暖湿空气相遇，导致南方下雨，天气一天天转凉，这样，夏天用以散热的用具只好收藏起来。

"侵早火云不过中，晚来火云一场空"

侵早：清晨；火云：天空中的红霞；中：中午。清晨天空中出现红霞，中午之前就要下雨；傍晚时天空出现红霞，则第二天将是一个大晴天。

"亮一亮，下一丈"

久雨之后，天色突然变得明亮，是还有大雨的征兆。

"逆风行云，大雨倾盆"

大风和浮云行走方向相反，是大雨即将来临的征兆。

"逆阵易来，顺阵易开"

阵：指雷阵雨。雷阵雨从一方来临之后，又从反方向而去，预兆这场雷阵雨很快就要停。

"逆行风云天气暖，西北猛吹是晴天"

大风和浮云走向相反，天气将转暖；西北风来势凶猛，是天晴的征兆。

"炮弹云，有雨淋，悬球云，雷雨淋"

炮弹云：堡状高积云，是低压槽的前部，通常是气候不稳定的表现。天上有炮弹云和悬球云，是有雷雨的天气。

"夏至未过莫道热，冬至未过莫道冷"

气象学规定，夏至是北半球夏季的开始，从此进入炎热的季节；冬至日起进入数九寒天。夏至是由凉变热的转折点，冬至则是由暖变冷的转折点。

"夏至风从西北起，果菜园内受热煎"

夏至日吹西北风，天气干旱，是当年果蔬及粮食歉收的征兆。

"夏至风从南边起，秋天一定有大雨"

指夏至日这天刮南风，秋天大雨天气多。

"夏至无雨三伏热，重阳无雨一冬晴"

"夏至无雨三伏热，重阳无雨一冬干"

三伏：指伏天的初伏、二伏和末伏，是一年中最热的时候。夏至不下雨，三伏天最热；重阳不下雨，冬季晴天多。

"夏至西南风，路上水成潭"

夏至日刮西南风，预示即将下大雨。

"夏北春南，大雨成潭"

此谚语流行沿海地区。如果夏天刮北风，春天刮南风，是即将下大雨的征兆。

"夏天云向西，不日阴或雨"

夏季天空出现云向西移动的现象，过不了几天就要下雨，即使不下雨，也会是阴天。

"烟筒不出烟，一定是晴天"

晴天因空气干燥，烟雾散开的速度快，人的视觉以为烟筒出烟很少。

"家具返潮，有雨必到"

"烟绕屋，天要哭"

家具返潮和烟雾绕屋都是要下雨的预兆。

"黄昏盼日落，日落盼鸡叫"

下午刮风一般到太阳落山时就会停止；如果这时没停止，风就要刮到第二天的早上。

"黄昏起云半夜开，半夜起云雨就来"

下午日落时天空起云，要半夜才会散开；半夜天空起云，则很快就要下雨。

"黄昏日落黑云洞，明朝日晒背皮痛"

黄昏时太阳落在黑云层中，预示第二天将是大太阳的天气。

"黄昏西北月钻云，倾盆大雨淋行人"

黄昏时天空西北边出现月亮钻进云层的现象，是第二天要下大雨的征兆。

"黄云翻，冰雹多；红云上下翻，必定下冷蛋"

指天空中有黄色或红色云层翻腾，都是要下冰雹的征兆。

"黄蜻蜓大批飞，台风暴雨要来临"

黄蜻蜓成群结队飞行，是台风或暴雨即将来临的征兆。

"梭子云，定天晴"

梭子云：天空里出现的荚状高积云。梭子云量少且变化小，预示着即将天晴。

"晨雾不散雨蒙蒙，三朝迷雾刮西风"

秋、冬时早晨的雾不散又有雨蒙蒙的现象，就还会有几天起雾和刮西北风的天气。

"晨雾打湿鞋袜，上午晒死鸡鸭"

早上雾水重，当天是个大晴天。

"晨起浓云，细雨密布"

早上天空中浓云滚滚，当天会细雨绵绵。

"晨云走东，晒煞艄公，晨云走西，大水冲溪"

早上天空中的云向东边游走，当天是个大晴天；早上天空中的云向西移动，当天会下雨。

"晨云即收，旭日可求；晨云不收，细雨不止"

早上天空中出现浮云后很快消失，太阳很快就会出来；早上天空中出现的浮云久久不散，则当天将会细雨连绵。

"悬球云，雷雨不停"

夏天在雷雨云的底部出现的波浪形云称为悬球云，是将出现连续雷雨天气的征兆。

"晚看西北黑，半夜见风雨"

晚上西北边天空有黑云，预示当晚要刮风下雨。

"晚上星星稀，来日冻死鸡；晚上星星稠，连日晒死牛"

冬天的晚上，天空星星稀少，第二天天气寒冷；夏天的晚上，天空中星星稠密，将会有连续几天的大太阳。

"晚间火烧云，明天晒煞人"

晚上西边的天空云朵火红，预示第二天是大太阳的天气。

"晚间天罩云，早上布鞋行；早上地罩雾，只管洗衣裤"

如果晚上天上云多，第二天天会晴；若早上有雾，则当天会出太阳。

"蚯蚓出来满地爬，大雨马上就来到"

"蚯蚓上了路，雨水乱如麻"

"蚯蚓拦路，大雨要落"

下雨前天气闷热，蚯蚓会从泥土中钻出来，爬在地面休息。蚯蚓频频出土活动，是快要下雨的征兆。

"蚯蚓地里钻，热得天要干"

蚯蚓钻地主天晴。

"蛇晒太阳有雨落"

"蛇过道，大雨到"

蛇晒太阳和蛇过道都是有雨的征兆。

"猪儿狗儿嘴衔草，说说话儿雨来了"

猪、狗衔草是反常的现象，是即将下雨的征兆。

"猪儿绕圈跑，下雨就来到"

猪围着圈跑，预示着即将下雨。

"猪衔草，寒潮到"

猪对寒冷天气反应比较敏感，寒潮来到前，猪常要衔草垫窝，故冬天见到猪衔草的现象，常是寒潮即将来到的征兆。

"猫头鹰白天叫，雨天不久就来到"

白天猫头鹰叫预示将要下雨。

"猫打滚，狗吃草，猪衔柴，鸭子展翅雨欲来"

以上动物的异常行为，预示有雨。

"麻雀屯食要落雪"

冬天白雪盖满大地时，麻雀会因找不到食物挨饿。大雪来临前，麻雀常要屯食，故冬天出现麻雀屯食的现象，是大雪天即将来临的征兆。

"望雨看天光，望雪看天黄"

望：指盼。用观察天空的颜色来预测天气。如果乌云满天时，天空出现光亮，预示要下雨；如果冬天的天色发黄，预示即将下雪。

"朝看东南黑云起，必有午前雨；暮看西北黑，半夜雨倾盆"

早上天空的东南边有黑云，中午前就会有雨；晚上天空的西北边有黑云，半夜要下大雨。

"朝虹雨洒洒，晚虹晒裂瓦"

"朝起红霞晚落雨，晚起虹晒谷米"

早上天空出现彩虹当天将有雨；晚上出现彩虹，则第二天出太阳。

"朝霞不出门，晚霞行千里"

早上出现霞是天要下雨的征兆，不宜出门；晚上出现霞是天气要晴的征兆，可以外出。

"朝立秋，凉飕飕；暮立秋，晒死牛"

立秋在早上，天气很快就要转凉；立秋在晚上，还会有热的天气出现。

"朝有红霞铺满天，日有阴雨洒街前"

指早上红霞满天，当日有雨。

"朝西暮东，正是旱天公"

指早上刮西风，晚上刮东风，都是有大太阳的征兆。

"朝有破紫云，午后雷雨淋"

早上天空有棉絮状的云层，当日午后将有雷雨。

"朝南上来疙瘩云，不出几日雨淋淋"

早上南面天空有疙瘩状的云层，近日将会下雨。

"鹁鸪叫声声，雨落不肯晴"

鹁鸪：又称水鹁鸪，是一种羽毛呈黑褐色的鸟。天要下雨时，水鹁鸪常在树上咕咕地叫。

"晴久大雾天变雨，雨久大雾天转晴"

久晴天空大雾弥漫，要下雨；久雨天空大雾弥漫，天则要晴。

"晴天见日晕，必有大雨淋"

晴天太阳边出现晕环，预示即将下雨。

"晴天雾平地，雨天雾高山"

雾罩在地面，天会晴；雾罩在高山顶部，会下雨。

"晴不晴，看星星"

根据晚上天空星光明亮强弱，来预测第二天的天气。星光明亮会晴，星光黯淡则有雨。

"晴干冬至湿漾年"

湿漾：指阴雨潮湿。若冬至日天晴，过年时阴雨天气多。

"蛤蟆叫，水瓮津"

津：指水汗。蛤蟆啼叫，水瓮表面上出汗珠，是要下雨的征兆。

"蛤蟆夜间叫声脆，来日一定好天气"

晚上蛤蟆叫声清脆，预示第二天是一个晴朗的好天气。

"蛤蟆夜间叫声闷，当日雨淋淋"

晚上蛤蟆叫声沉闷，预示第二天要下雨。

"蛤蟆冬叫会下雪"

蛤蟆冬天一般都不会啼叫，如果反常啼叫，则是要下雪的征兆。

"蛤蟆上了道，定有大雨到"

蛤蟆在道路上爬行，预示有大雨。

"黑夜下雨白天晴，打的粮食没处盛"

晚上下雨，白天出太阳，庄稼既有水分，又有太阳的照射，这是农作物生长最好的自然条件，粮食会丰收。

"黑云接日头，等不到放枕头"

太阳在黑云中落山，很快要下雨。

"黑云边上镶紫云，冰雹疙瘩雨倾盆"
"黑云戴红帽，天要下冰雹"
"黑云黄梢子，过来带刀子"

黑云周边出现彩色云彩，预示有冰雹。

"黑云遮月亮，有雨不到亮"

月亮被黑云笼罩，是即将下雨的征兆。

"腊八有雪雨水多，九里有雪伏里热"

农历腊月初八这天下雪，日后雨水多；冬至后第九个九天中下雪，第二年伏天炎热。

"腊八有雪春早旱，天阴刮风一春寒"

农历腊月初八下雪，来年春天雨水少；当天如果是阴天或刮风，来年春天寒冷。

"腊月初三晴，来年阴湿到清明"

农历腊月初三是晴天，来年年初的阴雨天气将会持续到清明节。

"腊月打春春更寒，正月打春天气暖"

打春：指立春。农历腊月间立春天气寒冷，正月间立春则天气暖和。

"腊月立春二月浇，正月立春二月晒"

立春在农历腊月，来年二月雨水多；立春在农历正月，当年二月的晴天多。

"寒潮过后天转晴，一转西风有霜成"

我国南方一些地区常因受寒潮冷空气的影响而刮东北风，并随之出现阴雨天气。这时若转吹西北风，天气随之转晴，晚上地面可能有霜。

"寒水枯，春水铺；春水铺，夏水枯"

寒水：冬天的雨水；春水、夏水：分别表示春天和夏天的雨水；枯：表示雨水少；铺：表示雨水多。冬天的雨水少，则来年春天的雨水就多；若春天的雨水多，则当年夏天的雨水少。

"寒冬雪满天，必定是丰年"

冬天下雪多，既冻死了地里的害虫，雪水又浇灌了过冬的农作物，来年的粮食一定会丰收。

"鹊知风，蚁知水"

喜鹊通常生活在树上，它能感知是否有风；蚂蚁生活在地里，能根据地气的变化感知是否有雨。

"雷打惊蛰后，担水去种豆"

"雷打惊蛰后，低田好种豆"

惊蛰后打雷，雨水天气少，只能在低处的田里种豆；如在高处的地里种豆，因缺水则需要担水去灌溉。

"雷打清明前，高山好种田；雷打清明后，洼地好种豆"

清明前雷雨多，高山上都可以作水田种稻；清明后雷雨少，洼地因缺水只能种豆。

"雷打清明节，豆儿拿手捏"

清明这天打雷，豆类作物长得好，豆粒饱满。

"雷打夏至上，大路滚成浆；雷打夏至下，大路可走马"

夏至前打雷，雨水多，大路都成了泥浆；夏至后打雷，雨水少，马可以在大路上行走。

"雾沟晴，雾山雨"

早晨山沟里雾气缥缈，是当日天晴的征兆；早晨雾气罩着山峰，而且久久不能散开，是天将下雨的征兆。

"雾得开，三天晴；雾不开，冷死人"

早上的雾气消失快，将有连续的几个晴天；早上的雾气久久散不开，天将转为阴雨天气，还会寒冷。

"雾后来云有雨，云后来雾天晴"

早上雾气散开后天上起云，会下雨；早上天空的云消失后起雾，当日会天晴。

"睡了一觉，由旱变涝"

小暑期间，我国东部受来自太平洋东南季风的影响正值季风雨季；西南、华南地区也处在来自印度洋和我国南海季风的雨季中。这些地区时而干旱，时而暴雨，常造成农民既要防旱，又要防涝的局面。

"蜈蚣出巡，大雨倾盆"

蜈蚣属节肢动物，身体长而扁，躯干由许多环节构成，第一对足成钩状，有毒液。蜈蚣到处爬行，预示要下大雨。

"蜉蝣绕天，雨下不停"

蜉蝣：昆虫的一种，此虫的若虫可在水中生活1～6年。成虫寿命很短，只有数小时至一星期。如果蜉蝣绕水面的垂直方向上下飞行，预示要下雨。

"数九天气寒，瑞雪兆丰年"

数九天天气寒冷，又降下应时的好雪，预示来年庄稼要丰收。

"满天星儿稀，明天晴；星儿稠，满街流"

"满天星儿稀又亮，来日准是大太阳"

如果晚上天空星星稀少，第二天一定是晴天；如果晚上天空中的星星稠密，第二天则将会有大雨的天气。

"满天星斗光乱摇，或风或雨欲连朝"

连朝：指连日。晚上天空中星光摇晃闪烁，是将有连续几天大风大雨的征兆。

"蜻蜓飞得高，天气晴得牢"

"蜻蜓高，晒得焦"

"蜻蜓飞得高，明日似火烧"

蜻蜓高飞是晴天的征兆。

"蜘蛛张网晴，蜘蛛收网雨"

"蜘蛛结网雨必晴，蚂蚁搬家雨必下"

"蜘蛛结网雨转晴，猛虫扑脸雨不远"

蜘蛛吐丝、张网预示天将转晴；蜘蛛收网不吐丝，以及蚂蚁搬家、猛虫扑面，这些现象都预示天将下雨。

"蝉儿叫，晴天到"

蝉：属昆虫，雌的不发声，雄的腹部有发音器，能连续不断地发出尖锐的声音。蝉叫是天转晴的征兆。

"蝉儿叫声停，阴雨将来临"

蝉虫停叫，预示阴雨天气即将来临。

"馒头云，晒死人"

天空出现淡积云（形似馒头），是即将出现大太阳天气的预兆。

"蜜蜂不出工，有雨在夜中"

"蜜蜂不出门，细雨就要淋"

"蜜蜂不进窝，来日有雨落"

"蜜蜂收工早，明天要大涝"

以上谚语中，蜜蜂的异常行为表现，预示天将下雨。

"蜜蜂出窝，天放晴"

指蜜蜂正常出窝采花，天气将转晴。

"蝼蛄唱歌，有雨不多"

蝼蛄：属昆虫，多生活在泥土中，昼伏夜出，吃农作物嫩茎。蝼蛄在雨天中啼叫，雨下不久。

"鲤鱼河面跳，大雨即要到"

"鲤鱼水面露，半夜雷公哭"

以上谚语中，鲤鱼的异常表现，是要下雨的征兆。

"燕子高飞要天晴，燕子低飞要下雨"

燕子是一种喜欢温暖的候鸟。春天从南方飞回北方时，是插秧的季节；从北方向南飞时，稻谷即将成熟。燕子高飞和低飞预示两种不同的天气。

"螃蟹上岸，冲走河岸"

"螃蟹爬高涨大水"

螃蟹上岸或向高处爬行，预示要下大雨或涨水。

"霜夹雾，旱得井也枯"

"霜重见晴天"

冬季的早晨同时出现霜和雾，是一个较长晴天即将来临的预兆。

"霜加南风连夜雨，霜下东风一日晴"

早晨有霜，如遇吹南风，当天就要下雨；若吹东风，当天会天晴。

"霜后遇晴天，瑞雪兆丰年"

"霜重兆晴天，雪多兆丰年"

浓霜一般出现在无风少云的夜间，预示着未来几天是晴天；冬天降雪既冻死了害虫，又对越冬农作物起到了灌溉的作用，是来年农业要丰收的征兆。

"霜降无霜，十八天无霜"

霜降这天无霜，接着十八天内都不会有打霜的天气。

"霜降没有雨，清明淋死鸡"

霜降这天没下雨，来年清明时将下雨。

"霜降南风连夜雨，霜降北风好天公"

霜降这天刮南风，将有连续的雨天；霜降这天刮北风，将出现晴朗的天气。

"霜降见霜，米烂陈仓"

霜降这天有霜，来年粮食会丰收，米多得烂在粮仓里。

"骤风不终朝，骤雨不终日，快雨快晴"

突然起风不会刮到第二天，白天突然下雨不会下到天黑，雨下得快晴得也快。

"癞蛤蟆出洞，下雨靠得住"

蟾蜍从洞里爬出来，预示天将下雨。

"邋遢冬至干净年"

邋遢：本是肮脏的意思。这里表示雨后泥泞的地面。冬至如果下雨，来年大年初一这天，就会晴朗舒适。

"鳝鱼抬了头，有雨不要愁"

下雨前天气闷热，鳝鱼头露出水面，预示即将下雨。

"露结为霜，雨结为雪"

秋冬时节，晚上地面上的露水因气温降低而凝结成霜；冬天空气中的水蒸气因气温下降至 0℃ 以下而凝结成雪。

劳动生产篇

"一串麦穗，万滴汗水"

"一粥一饭，汗珠换"

粮食是农民经过辛苦的劳动，用无数的汗水换来的，提醒人们要珍惜粮食，尊重农民的劳动。

"一担河泥一担金，一车渣肥一车银"

肥料是农业生产的重要因素，肥料充足，就能获得好收成。

"一粒良种，千粒好粮"

好种子才能长出好庄稼。要想粮食丰收，首先要选好良种。

"一麦抵三秋"

三秋：指秋季的秋收、秋耕和秋播三项重要的农事活动。收麦固然重要，但只有把三秋的全部农事活动都做好，才能确保麦子丰收。

"一亩园抵三亩田"

"一棵果树三分田，百棵果树十亩田"

园：指菜园和果园；田：指种粮的田地。菜园和果园的经济收入比粮食要高。

"一粒下地，万粒归仓"

春天在地上种一粒一粒的种子，秋天就可将万粒粮食收进粮仓。提醒人们春天耕作时，切莫误了农时，一定要按时播种。

"十月小雪雪满天，来年必定是丰年"

农历十月的小雪期间，小麦、油菜等越冬农作物进入田间管理阶段，需要水分和肥料，这时小雪纷飞，起了"夜冻昼消、冬灌正好"的作用，来年粮食会有好收成。

"十一月下场雪，送给麦苗一床被"

农历十一月正值大雪期间，这时大雪纷飞，地面上疏松的积雪，犹如御寒的棉被，积雪慢慢融化渗进土中，既冻死了害虫，又对农作物起到了灌溉的作用，对农作物十分有利。

"人怕老来穷，稻怕寒露风"

岁数大的人怕没有经济来源，晚年生活困苦；晚稻快要成熟时怕遭遇寒露期间强冷空气的袭击，对生长有危害。

"人怕老来花怕霜，山怕无树地怕荒"

人怕岁数大了无作为，花怕霜打要凋谢，山怕光秃不保水土，地怕荒芜不长庄稼。

"人是铁，饭是钢，庄稼没粪就要荒"

人要吃饭才能维持生命，庄稼要靠肥料才能生长，地上没有庄稼就等于一块荒地。

"人哄地，地哄人，哄来哄去就会贫"

哄：指哄骗。人种地不肯出力气，土地就长不好庄稼，最后受损失的是人。

"人勤地不懒，巧工多增产"

只要农家勤于耕作，就会有更多回报。

"人勤牛马壮，粪多土地肥"

只要农家辛勤喂养，牛马就能长得结实。牛马的粪肥多了，又能使土地更加肥沃。

"人误地一时，地误人一年"

人偷懒不按季节种地，误了农时，土地上庄稼长不好，将影响一年的收成。

"三春不赶一秋忙"

不赶：比不上的意思。农历一、二、三月春耕、春种期间，虽然很忙，但也比不上秋天的秋收秋种那样忙碌。

"三分种，七分管"

庄稼从种到收，是一个长期的过程。下种固然重要，以后的浇水、施肥、锄草等田间管理的各个环节一定要认真进行，否则粮食生长不好，收成一定不佳。

"三春靠一冬，三早当一工"

春天的春耕、春播等农事活动非常重要，也很繁忙，但从长远来看，前一年的冬天就要抓紧准备；早晨的农活只要每天早一点开始，就会挤出更多的时间干更多的活。

"土地是个宝，越种越是好"

土地是农民的宝，土地要耕种才能土质疏松、肥沃、少长草，庄稼长得茂盛，粮食收成好。

"土地是摇钱树，粪是聚宝盆"

土地和粪肥是种好庄稼的基本条件，农民有了土地和肥料，就能搞好农业生产，做到丰衣足食。

"土是铁，肥是钢，土松泥泡粮满仓"

土地、肥料和农民的辛勤耕作是搞好农业生产的重要因素，只要这三个条件都具备了，庄稼就会丰收。

"土是根，肥是劲，种是本，水是命"

指土地、种子、肥料、水分在农业生产中的重要性。

"土是金，种是银，错过季节无处寻"

虽然土地、种子在农业生产中都很重要，但错过季节才下种，也是没有收成的。

"土蓄水，水养林，林保土，土肥农"

指农民、土地、水分、树林之间的相互依赖关系，最终受益的则是农民。

"下秧要在清明前，赶快提早办秧田"

早稻宜在清明前后育秧，秧田则要在育秧前准备好。

"下早秧没有巧，冷尾暖头要抓好"

下早秧没有巧办法，只有把握好春天冷暖天气的特点，安排在冷天结束、温暖天开始时抢适当的时间播种。

"下雨好捕鱼，刮风莫放蜂"

鱼喜欢在下雨天游泳，这正是捕鱼的时候；蜜蜂会在大风中受伤，刮风时不宜放蜂。

"大暑不割禾，一天少一箩"

种双季稻的地区，大暑期间早稻已经成熟，要抓紧收割，避免日后风雨到来时造成危害，减少产量。

"小满不满，芒种不管"
"小满不满，芒种乱砍"

不满：指麦浆不饱满。小满期间小麦的麦浆还没有饱满，则收成不好，芒种收割时，可以将其随便砍掉。

"小满不上山，扔下喂老鸡"

不上山：指蚕不结茧。小满期间蚕还不结茧，只能将蚕子扔给鸡当饲料。

"小满不种花，种花不归家"

花：指棉花。小满期间还不是种棉花的时候，即便种也没有收成。

"小满十天满地黄，再过三天麦上场"

黄：指成熟的麦子。小满十天以后，麦子都基本成熟，再过三天就要开始收割。

"小满栽秧胀破仓，夏至栽秧一包糠"

"小满不栽秧，来年闹饥荒"

小满期间是栽秧的最佳时间，产量最高；夏至栽秧过了季节，产量很低，来年会缺粮吃。

"小暑连大暑，锄草莫失误"

小暑、大暑这段时间，庄稼和杂草都长得快，为了避免肥料被杂草吸收，这时要抓紧时间锄草。

"小暑大暑早稻黄，细收细打谷上仓"

小暑、大暑期间早稻已经成熟，要抓紧时间收割入仓。

"小暑一到禾就黄，大暑一到谷满仓"

小暑期间早稻开始成熟，大暑期间要收割进仓。

"小雪大雪不见雪，小麦大麦粒要瘪"

瘪：指不饱满。小雪、大雪期间如果都不下雪，麦子会缺水分，来年麦子成熟时就长得不饱满，影响产量。

"小雪收葱，不收就空；萝卜白菜，收藏窖中；小麦冬灌，保墒防冻；植树造林，采集树种；改造涝洼，治水治岭；水利配套，修渠打井"

此谚语说明小雪期间要注意的农事活动。

"小寒大寒施腊肥，油菜小麦过冬齐"

腊：指农历腊月。小寒、大寒期间给即将越冬的小麦、油菜施一次肥料，这些农作物就能很好度过寒冷的冬天。

"小麦三床被子蒙，来年必定好收成"

冬天下三场雪，厚似被子的积雪盖着麦子，既起到了浇灌的作用，又冻死了害虫，来年的小麦一定会丰收。

"小麦年年收，只怕懒汉不开沟"

小麦地里要开沟排水，积水太多会烂根。

"小麦要五水"

指小麦在冬天、返青、拔节、打苞、灌浆这五个生长期内都需要水。

"山上毁林开荒，山下农田遭殃"

山上以砍树、铲草的方式开荒种地，使树林丧失保护水土的功能，一旦大雨来临，山下的农田、住房就会被大水冲毁。

"山红石头黑，高低都种麦，山黄石头黄，开始种小麦"

山红、山黄：指山上树叶的颜色。此农谚是用树叶和石头的颜色变化来确定种麦子的时间。

"山上多栽树，等于修水库"

山上种树可以保水护土，降低温度，调节气候，跟修了一个水库一样。

"山坡朝阳地皮暖，春栽宜早不宜晚"

因为山坡朝阳的位置吸收阳光较多，春天地皮暖和的时间来得早，种树要比不朝阳的地方先种。

"山坡育松柏，沟渠栽白杨，河畔植柳树，果树村院旁"

指要根据不同树种的生长要求来选择种树的环境。

"山怕无林海怕荒，人怕老来花怕霜"

山上没有树林不能保水护土，海里没有鱼虾就缺少海的重要功能；人到老年在世上的时间一天天缩短，常令人忧虑；鲜花被霜打则容易冻死。

"山药地要松，甘蔗地要紧"

根据农作物对泥土要求的差异进行田间管理，山药地要疏松宜多锄，甘蔗地要紧密宜少锄。

"山芋栽在三伏天，雪白粉嫩又增产"

三伏天时种的山芋，又白又嫩，且产量高。

"开塘养鱼，一本万利"

水塘里养鱼，不用花费太多本钱，却能有较大收益。

"无牛不成农，无猪不成家"

牛是农业和生产的重要耕力，没有牛就无法耕作，不养猪则不是名副其实的农家。

"五黄六月不生产，十冬腊月饿得惨"

"五黄六月不种田，错过一天饿半年"

农历五、六月间是夏季作物收获和秋季作物播种的繁忙季节，农家切莫错失良机。

"五月栽苕重一斤，六月栽苕光根根"

意指农历五月是栽红薯的最佳时间，到六月才栽就没有收成了。

"不怕清明连夜雨，只怕谷雨一朝霜"

清明期间冬小麦拔节出穗，需要大量水分；水稻、瓜豆、土豆、高粱、玉米等农作物的播种、分栽都需水分的滋润，才能生根生长，这时不怕下雨；谷雨期间是水稻、烟叶、红薯、笋等农作物播种的季节，它们都怕霜打受伤。

"不得夜草马不肥"

若晚上不按时给马添几次饲料，那么马就不容易长膘。

"不经霜的柿子不甜，不过九的皮毛不暖"。

没有经过霜打的柿子缺少甜味，没有经过数九寒天的皮毛衣服穿着感觉不到暖和。

"牛要喂饱，马要夜草"

牛是反刍动物，喂牛时需投大量饲料，让其吃饱，使其在休息时也能得到营养补充；马是单胃动物，一次吃不了太多饲料，半夜里还要给添加饲料。

"牛老怕惊蛰，人老怕大寒"

惊蛰是春耕大忙时节，体弱的老牛这时怕太劳累；大寒时天气寒冷，体弱的老人这时往往难以忍受。

"牛食如浇，羊食如烧"

牛吃的饲料含水量宜多，而羊吃的饲料含水量则宜少。

"牛要放，猪要圈"

牛要到草地上放牧才能长得健壮，猪要圈养让其活动量少才能长得结实肥胖。

"月怕十五年怕半，庄稼人最怕误时限"

每月过了十五，这月很快就要过去了；每年六月一过，眼瞅着这年的时间就快过完。人们回想起来很怕过这些时候。农民种庄稼则最怕的是误了农事节气。

"玉米见了铁，一夜长一节"

铁：指锄头等农具。多给玉米地松土、锄草，玉米就长得好，玉米棒结得大。

"未涝先筑坝，未荒先备粮"

"未雨先修堰，未旱先修塘"

未出现涝灾前要先修筑好防涝的堤坝，没有出现饥荒要先准备好粮食。提醒人们要做好防范突发事件的准备。

"田头要过脚气，土头要过铁气"

在田地里种庄稼要辛勤耕作才能获得丰收。

"田养猪，猪养田"

猪靠田里收获的粮食喂养，反过来猪粪又起到肥田的作用。田和猪是互相依赖的关系。

"白露时下雨，到一处坏一处"

"白露前是雨，白露后是鬼"

白露期间东北地区开始收获谷子、大豆、高粱，华北、黄河流域开始收获玉米、谷子、芝麻，棉花种植区要采收棉花。收获的季节需要晴天，此时下雨，对收获十分有害。

"白露过了又秋分，收割庄稼喜欣欣"

白露期间，东北地区开始收获谷子、大豆和高粱，华北及黄河流域正是稻谷、夏玉米、花生、大豆、棉花、烟叶等农作物成熟的时期，贵州等地的水稻也开镰收割。农民喜获丰收，心里十分高兴。

"白露雾迷迷，秋分稻出齐"

白露期间晚上有白茫茫的雾气，谷物开花结果，江南的单季晚稻和双季晚稻分别处于抽穗、扬花和拔节的阶段，到秋分时谷子已很饱满。

"白露砍高粱，寒露打完场"

白露期间开始收割高粱，寒露结束时一定要收完，过了时间，高粱会脱粒减产。

"白露田垄一扫光，秋分谷子堆满仓"

白露期间，东北地区的谷子、大豆、高粱和华北、黄河流域的玉米、芝麻、水稻等秋收作物开始收获入仓。

"白露过后又秋分，收了高粱收花生"

白露到秋分这段时间，是收高粱和花生的时候。

"白露早，寒露迟，秋分种麦正当时"

白露有些早，寒露有些晚，只有秋分才是黄河流域播种冬小麦的最佳时间。

"白露晴到夜，荞麦种到社"

白露这天晴，白露日到秋社日这段时间都适宜播种荞麦。

"白露之后牛羊配，寒露之前鸡换羽"

白露结束后，要给牛羊配种；寒露之前则是鸡换羽毛的时候。

"处暑雨不通，白露枉相逢"

处暑期间有的地区要在收获的田里培育再生稻；北方水稻则进入抽穗、扬花期，都需要充足的水分，这时若长时间不下雨，等到白露才下，庄稼已不可能长好，有雨也是枉然。

"处暑处暑，处处要水"

"处暑雨如金"

处暑期间，单季稻进入抽穗、扬花阶段，种植双季稻的地区也要在田里培植再生稻，它们和其他这时还处于生长发育期间的许多农作物都需要充足的水分，如果缺水时要及时浇灌。

"处暑高粱白露谷，过时不收抱头哭"

处暑期间要收高粱，白露期间要收谷子，过了季节，它们会自行脱粒，收成不好。

"处暑不救禾，干到白露没奈何"

处暑期间不对缺水的谷子、高粱、大豆等农作物及时浇灌，白露期间收获时就没有收成。

"处暑庄稼一片金，三秋准备要抓紧"

处暑期间许多秋收的农作物都处在成熟前的关键阶段，这时要抓好秋季的田间管理和秋收、秋种前的准备工作。

"冬无雪，麦不结"

冬天一般少雨，如果该下雪的季节又不下雪，麦子就因缺水而影响生长，来年的麦粒结不饱满。

"冬天麦盖三床被，来年枕着馒头睡"

被：指雪厚如棉被；馒头：指麦子丰收。冬天下雪多既浇灌了缺水的麦田，又冻死了害虫，来年麦子一定会丰收。

"立春到，农夫跳"

立春象征一年农事活动的开始，农民要制订一年的种粮计划，做好选种、积肥、农机修理等生产准备。

"立春不浸谷，大暑稻不熟；大暑不浸谷，立冬稻不熟"

立春时要撒播早稻，否则大暑时稻谷不会成熟；大暑时要撒播晚稻，否则立冬时晚稻不会成熟。

"立春犁田，春分耙田，清明浸种，谷雨莳田"

莳田：指栽秧。此农谚说的是种稻谷在立春、春分、清明、谷雨这四个节气中农民的主要农事活动。

"立春雨水到，早起晚睡觉"

立春到雨水这段时间，一年的农事处于开始阶段，农民为了一年的农业生产，早出晚归，忙得睡觉也少。

"立春雨水正月间，送肥莫等冰消完"

立春雨水在农历正月间，给越冬农作物追肥宜早不宜迟，不必等到冰块完全融化后才进行。

"立春雨水二月间，积极锄麦整田园"

立春雨水在阳历的二月间，农民这时要给越冬的麦子松地锄草、整修田园。

"立春插柳活溜溜，立夏插柳无本收"

立春期间插杨柳容易成活；立夏插柳，时间已晚，成活率很低。

"立春天渐暖，雨水送肥忙"

立春以后，我国大部分地区开始解冻，天气逐渐变暖，农事活动中要注意给越冬农作物施放肥料，以促进它们加快生长。

"立夏三朝，遍地锄"

立夏期间正值大多数农作物生长的关键时刻，农民的田间劳作十分繁忙。

"立夏多插秧，谷子收满仓"

立夏是栽插秧苗的最佳时间，待稻谷成熟时将会丰收。

"立秋无雨最堪忧，万物从来一半收"

立秋期间，农村很多地区开始秋种、秋播，急需水分滋润，这时若无雨，农作物收成减半，农民很伤心。

"立秋一场雨，遍地都是米"

"立秋雨淋淋，遍地是黄金"

"立秋有雨样样有，立秋无雨人人忧"

立秋期间我国中部地区秋稻开始移栽，华南地区的水稻开始抽穗、扬花，玉米也抽穗、吐丝急需水分，这时下雨对庄稼来说十分宝贵。

"立秋三场雨，秕稻变成米"

秕稻：指籽粒不饱满的稻子。立秋期间连下三场雨，因缺水的秕稻得到了充足的水分，籽粒会长成饱满的谷米。

"立秋不割稻，秋后叫懊恼"

播种双季稻的地区，立秋时早稻已经成熟，要及时收割，否则要减产。

"立秋不深耕，来年害虫生"

立秋期间深耕土地，可让害虫及虫卵死亡，否则第二年的害虫更多。

"立秋不带耙，误了来年夏"

立秋期间要将田地深犁细耙，才能播种，否则影响第二年夏天的收成。

"立冬前七朝霜，有米无砻糠"

砻：去稻壳的工具；糠：稻谷砻后脱下的外壳。立冬前连打七天霜，预示第二年粮食要丰收。

"立了冬，把地耕，能使土地养分增"

立冬期间将冬闲的田土犁一遍，将杂草埋在地里，可以使土壤变得更肥沃。

"立冬不停牛，还有十天犁地头"

立冬时还不能让牛休息，还要犁十来天的地。

"立冬到，薅小春，犁田、耙田要抓紧"

立冬期间要对小麦、油菜等越冬农作物进行农田间管理，还要把闲置的田地深耕一遍，加厚土层，为以后种植作物做准备。

"立冬桑叶黄，修剪、束草、刮桑螬"

桑螬：指桑树上的寄生虫。立冬时桑叶已枯黄脱落，是剪枝、锄草、刮桑螬的时候。

"头伏耕地一碗油，二伏耕地半碗油，三伏耕地没有油"

此农谚用油来比喻不同时间耕地的效果。

"宁在时前，不在时后"

时：指农时。农民种庄稼要掌握农事节气，农事活动宜早不宜迟。

"地要种得好，三耕很重要"

意指种地要保持土地疏松，必须早耕、深耕、细耕。

"地是聚宝盆，看你勤不勤；你出多少汗，它给多少银"

土地是增加农民财富的聚宝盆，只要辛勤劳动，就会有好的回报。

"地头地边没有草，庄稼地里病虫少"

杂草是滋生庄稼病虫的空间，要及时除掉才能使庄稼免遭虫害。

"芒种忙，打迎场"

芒种期间，麦子即将成熟，要抓紧做好收割打场的准备。

"芒种不收草里眠，夏至不碾飞满天"

碾：指滚动碾子压开麦粒；飞满天：指麦子外皮破裂。芒种期间若不收割麦子，其籽粒会自动落在草中；夏至期间不碾麦子，麦粒会自己裂开。

"芒种忙，下晚秋"

芒种期间，华南、两广地区的双季晚稻要抓紧育秧工作。

"芒种没雨麦难收，夏至没雨豆子丢"

"芒种有雨种麦子，夏至有雨豆子肥"

芒种期间是北方冬、春小麦生长的旺季，夏至期间是豆类作物生长的旺季；此时不下雨，将严重影响它们的生长，收获时要歉收。

"芒种芒种，样样要种，过了种芒，不可强种"

"芒种芒种忙忙种，芒种过后白白种"

芒种期间许多农作物都要点插栽种，过了芒种时间已晚，不能再种。

"芒种忙忙种，夏至谷怀胎"

指芒种期间抓紧种下的谷子，夏至期间将会生芽出土。

"芒种不插秧，秋后吃米汤"

芒种期间要抓紧插早稻秧。否则，秋天收成不好。

"芒种夏至麦类黄，快打快收快入仓；夏播作物抓紧种，田间管理要跟上；江南梅雨季节到，暴雨冰雹要预防"

此农谚提醒农家要抓紧芒种期间的夏收、夏种，适时进行田间管理，并做好灾害的预防工作。

"过了旧历年，赶快送肥到田间"

旧历年的年节活动一般在农历正月十五结束，民间习俗认为，过完年后，农家才可下田劳作，为春耕生产做准备工作。

"过了惊蛰节，耕田不停歇"

惊蛰以后，我国大部分地区将开始春耕生产，农家十分繁忙。

"过了清明节，就地晌午歇"

清明与农事活动关系十分密切，这时大江南北处处呈现出繁忙紧张的春耕景象，农家忙得在田间吃饭、休息。

"过了谷雨，不怕风雨"

谷雨期间，已栽的秧苗和快种的农作物都需要充足水分的灌溉和滋润，因此，这时不怕风雨。

"过了立夏，千犁万耙，不如一下"

一下：指插秧。春天农事忙时，犁田耙地，最终的目的都是为了插秧。

"过了夏至节，锄头不能歇"

夏至期间，我国大部分地区日照充足，非常适合农作物生长。此时，农田的杂草也生长特别快，与庄稼争抢阳光、水分和肥料。因此，在田间管理中要抓紧锄草松地，让庄稼加快生长。

"过秋分收秋忙，五谷杂粮齐上场"

秋分期间，黄河流域正是中稻、夏玉米、花生、大豆、棉花、烟叶的收获期，贵州等西南气温偏低的地区也要收割水稻等作物。此时的大江南北，到处呈现出繁忙的秋收景象。

"过了寒露不起葱，十苗就有九苗空"

寒露期间要把大葱收获完毕，过了这个季节，葱蕊会越长越疏松。

"过了寒露，秋粮入库"

秋分时起，我国许多地区已陆续开始收割；到了寒露时，这些秋收作物都已晒干入库。

"过了霜降，犁头挂墙上"

指霜降以后，犁田耙地的劳作已告一段落，农具将收存起来。

"过了四月八，收拾绑连枷"

连枷：指农具。由一长柄和一组平排的竹条或木条构成，用来拍打谷麦，使籽粒掉下。过了农历四月初八之后，麦子已经收割完毕，可以把连枷收藏起来。

"有收没收在于种，多收少收在于管"

庄稼只要下种才会有收成，而收成的多少则在于田间管理的好坏。

"有收没收在于水，多收少收在于肥"

粮食的收成要看是否有足够的水分，而粮食的丰歉则要看肥料是否充足。

"有水无肥一半收，有肥无水望天愁"

庄稼有水没肥可收获一半，有肥无水是否有收成则要看天是否下雨。

"有草不除害一片，今年不除害明年"

有草不锄，地里的草越长越多，会影响一大片庄稼的生长；今年不锄草，还会影响来年的庄稼。

"灰要陈，粪要新"

草木灰要贮存一定的时间才能用，以防止烧苗；粪肥发酵后要立即使用，以免降低肥效。

"早稻抢日，晚稻抢时"

我国种双季稻的地区，大暑期间早稻成熟要抓紧时间收割，然后及时栽种晚稻。

"早春晚播田"

立春日若在上年腊月内为早春。按节气农作物播种要晚一些时间进行才好。

"早不摘花，午不收豆"

早晨空气潮湿不是摘棉花的时候；中午太阳高照，空气干燥，这时收豆容易造成豆荚爆裂，使豆粒落地，减少产量。

"早晨锄地趁凉爽，正午锄地趁太阳"

早晨锄地图个凉快；中午锄地虽然太阳大，天气热，但借阳光的热气可将草晒死。

"早春起谷仓，早晚放地荒"

早春：指早插早稻；早晚：指早插晚稻。只有按时栽插早、晚稻才能获得丰收。

"早稻白露前，晚稻白露后"

指收割早稻在白露之前，收割晚稻在白露后的秋分期间。

"早搭晚插"

指早稻宜浅插，晚稻宜深插。

"早稻要插得早，晚稻要插得老"

指早稻要插嫩秧，晚稻要插老秧。

"早割豆，午拾花，张开布袋收芝麻"

早上收豆子，中午收棉花，芝麻因为粒小，脱粒时就让其掉在布袋里。

"早禾生水，晚禾生泥"

早稻插秧后因天气还冷，稻田水宜浅；晚稻插秧后，因为天气较暖和，稻田水宜深。

"早采三天是个宝，晚采三天是个草"

指春天采茶叶宜早。早茶贵，晚茶贱。

"早插根块大，晚插减半收"

栽红薯早栽比晚栽要好。

"早插是稻，迟插是草"

指插稻宜早。早插丰收，晚插歉收。

"早上割稻谷，下午插秧田"

指上午收割早稻，下午插晚稻。

"早栽薯收一斤，迟种薯一把根"

栽番薯宜早不宜迟，早栽丰收，过了季节再插没有收成。

"早种多丰收，迟种碰年头"

指玉米宜早种，早种丰收；种晚了有无收成，要看当年的天气是否适宜玉米生长。

"早种不收，迟种不黑，立秋才好种荞麦"

指立秋期间最适宜种荞麦。

"吃了清明饭，晴雨出田畈"

畈：指田地。清明期间，农民为搞好春耕春播，无论是天晴或下雨，都要在地里忙碌。

"年怕中秋月怕半，庄稼就怕误时间"

一年过完八月十五，一年很快结束；一月过完十五，这月将很快结束；种庄稼则要按农事节气进行，最怕的就是误了农时。

"年内立春小满割，年外立春立夏割"

立春在当年的年初，表明节气来得较晚，到小满时才能收割麦子；立春在上年的年末，表明节气来得早，收割麦子则要提前在立夏期间进行。

"伏里有雨多种麦，伏里无雨麦不收"

我国北方冬季降雨少，冬小麦等冬季农作物就是靠地里贮存的三伏水来提供水分。此谚语说明，三伏雨对北方冬小麦的重要性。

"庄稼地里不用问，人家作甚你作甚"

农事活动有一定的规律供大家共同遵循，只要你看到人家做什么你就做什么，一定没错。

"庄稼活不用问，除了水土就是粪"

水分、土地、肥料是种庄稼的基本条件。

"庄稼汉子你莫懒，错过季节光杆杆"

种庄稼一定要按农事季节进行，如果偷懒错过了农时，就没有收成。

"庄稼要好，深犁肥饱"

要想庄稼长得好，一是种前要深耕，二是种后要多施肥。

"庄稼要好，三防要早"

要想种好庄稼，就要提早防旱、防涝、防洪。

"庄稼长得好，全靠播种早"

种庄稼不能误了农时，早种比晚种要好。

"农乃国之本，行以农为先"

农业是国民经济的基础，农民最重要的则是勤劳。

"农家要兴旺，六畜挤满槽"

六畜指马、牛、羊、鸡、犬、猪。六畜对农民十分重要，要多加喂养。

"农民靠三宝，没有三宝活不了"

三宝指土地、牛、肥料，它们是农业生产的重要因素。

"农民要想富，山上多栽树"

农民要脱贫致富，除了种地外，还要搞多种经营，栽果树是增加收入的重要方面。

"农民怕三小，过小收不好"

怕三小：指养蚕莫过小满节、种田莫过小暑节、种麦子莫过小雪节。耽误农时，粮食等产量会降低。

"阴天不摘瓜，晴天不栽花"

阴天空气潮湿，摘瓜后瓜藤上的伤口难愈合，因此不宜摘瓜；晴天气温高，水分蒸发快，这时栽棉花成活率低。

"好稻好秧，黄谷满仓"

好的稻种培育成好的秧苗，好苗茁壮成长才能结成穗多、饱满的黄谷。

"好年要当歉年过，遇到歉年不挨饿"

丰收之年勤俭节约，不铺张浪费，这样即使遇到灾荒也有吃有穿。

"好种出好稻，坏种尽长草"

"好种出好苗，好树结好桃"

选种是种稻谷的关键。种子好，就能长出好的稻禾；稻种不好，地里只能长草，粮食没有收成。

"麦秀风摇，稻秀雨浇"

"麦子秀穗怕雨淋，稻子秀时怕台风"

秀：指抽穗、扬花。麦子抽穗时要通风，但怕雨多；稻子抽穗时需要水分，但怕台风袭击。

"麦望三月雨，最怕四月风"

农历三月，冬小麦正在拔节育穗，需要水分；农历四月麦子即将成熟，最怕雷雨大风的袭击。

"麦怕三月寒，棉怕八月雨"

农历三月，冬小麦正在拔节抽穗，需要温度，这时最怕寒冷；

农历八月，棉花正在吐絮，是分批采收的时候，需要晴天，最怕下雨。

"麦怕清明霜，稻怕秋来寒"

"麦怕清明连夜雨，稻怕寒露一朝霜"

清明期间是麦子拔节孕穗的时候，这时雨水不宜多，也怕霜冻；寒露期间是晚稻成熟的时候，最怕寒冷。

"麦怕小暑连夜雨，谷怕寒露刮大风"

小暑期间东北、内蒙古、陕西等地春小麦将成熟收割，需要晴天；寒露期间，晚稻正在开花、抽穗，最怕带着冷空气的大风袭击。

"麦割伤镰一把粮，谷割伤镰一把糠"

伤镰：指早收割。麦子早收割有饱满的麦粒，稻谷早收割则谷粒不饱满，犹如一把糠壳。

"麦锄三遍，麦粒多出面"

在麦地的田间管理中要多次锄草松地，麦粒才能长得饱满，多打麦面。

"麦吃四季水，宜早不宜迟"

"麦吃四季水，到老不要水"

指麦子在秋天播种、冬天分蘖、春天抽穗、夏天成熟一年四季都需要水分，而且浇水宜早。

"麦子一响，龙口夺粮"

指芒种到夏至期间，小麦正处于紧张的收获季节，要充分利用晴天收割和晾晒。

"麦奔立夏谷奔秋，豆过天社使镰鐵"

立夏期间收麦子，立秋期间收稻谷，秋社后收豆子。

"麦到芒种谷到秋，寒露才把白薯收"

秋：指立秋。芒种期间收割麦子，立秋期间收割早稻，寒露期间收挖白薯。

"杨柳下河滩，榆杏上半山"

杨树、柳树喜欢潮湿，适宜种在河滩边；榆树、杏树既怕旱也怕湿，则适宜种在半山坡上。

"豆子不怕连夜雨，麦子不怕火烧天"

豆类农作物喜欢水分，不怕连续下雨；麦子快成熟时，需要高温，不怕大太阳的天气。

"时间到霜降，种麦就慌张"

霜降期间，是我国长江流域及以南的许多地区种麦的最佳季节。农民都忙着抢耕抢种，力争不误农时。

"你误庄稼一时，庄稼误你一季"

不按时种地，误了农时，土地上长不出好庄稼，会影响这一个季度的收成。

"你哄它草中坐，它哄你肚皮饿"

种庄稼不松地锄草，庄稼长不好，没有粮食吃，就要饿肚皮。

"谷雨有雨兆雨多，谷雨无雨水来迟"

谷雨当天下雨是日后雨水天气多的征兆；谷雨日无雨，则日后雨水天气少。

"谷雨为时雨，谷雨勿落雨，水车早准备"

谷雨期间充沛的水分对已栽的秧苗和即将下种的农作物将起到很好的灌溉作用。这时下雨是应时的及时雨；谷雨期间若不下雨，要用水车抽水灌田。

"谷雨时若刮大风，麦子必定减成"

谷雨期间，黄河流域的冬小麦正处在扬花抽穗阶段，此时刮大风不利于麦子的扬花抽穗，会减少收成。

"谷雨前后一场雨，胜似秀才中了举"

谷雨期间，下雨对已栽的秧苗和快播种的农作物都起到很好的灌溉作用，非常利于它们的生长，这时下的是及时雨，它的作用胜过秀才考中举人。

"谷怕八月连阴雨，麦怕五月干热风"

农历八月中，我国中部地区的早稻开始收割，此时下雨，不利于收割和晾晒；农历五月间，黄淮流域的小麦正处在扬花、抽穗阶段，此时若遇干热风袭击，小麦生长不好。

"谷雨栽早秧，季节正相当"

谷雨期间，华北平原霜期结束，早稻开始播种。

"谷雨前三天不早，谷雨后三天不晚"

"谷子种在谷雨头，走走站站不发愁"

指华北地区在谷雨前后开始播谷种。

"谷锄三遍自成米，豆锄一遍粒粒圆"

"谷锄三遍吃干饭，豆锄三遍角成串"

指谷子、豆类作物的田间管理有区别。

"谷子上了场，豆子作了忙"

指收了谷子，接着收豆子。

"谷子晚收风磨，糜子晚收折头，稻子晚收缴秆，豆子晚收炸荚，荞麦晚收掉粒"

此农谚指明五谷应在什么状态下收获。

"谷雨麦怀胎，立夏麦吐芒，小满麦齐穗，芒种麦上场"

此农谚是麦子在各节气中从生长到收割的全过程。

"谷雨莳田散秧花，立夏莳田抓打抓"

莳：指移栽。谷雨插秧每窝株数宜少，立夏插秧每窝株数宜多。

"谷雨栽上红薯秧，一棵能挖一大筐"

谷雨栽红薯时间最佳，收成会很好。

"谷雨前，好种棉；谷雨后，种瓜豆"

"谷雨前后，种瓜点豆"

指谷雨前适宜种棉花，谷雨后适宜种瓜、种豆。

"谷雨抓养蚕，小满见新茧"

指谷雨期开始养蚕，小满期间即可结茧。

"谷锄深，麦锄浅，玉米锄得见了根"

锄谷地要挖得深，锄麦地要挖得浅，锄玉米要挖得见根。

"谷种换一换，多打五斗半"

谷种不能多年连续使用，一年换一次新种最佳。

"谷要稀，麦要稠，棒子地里卧老牛"

指栽种时谷子间距要稀，麦子间距要密，玉米的间距要特别大。

"谷收九成熟，不收十成丢"

谷子九成熟就要收割，若收晚了谷粒将自己脱落。

"谷要稠种早蒿"

指撒播小米种子要稠密，除草松地则宜早。

"冷尾暖头，下种莫愁"

春分期间，长江流域的水稻开始育秧，要注意把握春天冷暖天气的特点，安排在冷天结束、暖和天气开始时抢晴播种。

"社后种麦争回耧"

回耧：指播种农具。秋社后种麦已过季节，必须争分夺秒地抢种。

"社前不出头，社后喂老牛"

社：指秋社。指晚稻在秋社前还未抽穗，说明时间已晚，不会结稻谷，只好在秋社后割掉喂牛。

"社前社后，种瓜点豆"

春社前后都适宜种瓜种豆。

"若要田里长得好，必须冬天犁得早，一是烂泥，二是死草"

指明稻田头年冬耕的好处。

"若要猪无病，必须要四净"

四净：指槽净、身净、料净、水净。要注意猪的饮食和环境的卫生。

"雨水草萌动，嫩芽往上拱，大雁往北飞，农夫忙春耕"

气温变暖，大雁开始飞回北方。此农谚说明，雨水期间，植物进入生长初期，农民开始投入春耕生产。

"雨水有雨庄稼好，大季小季一遍宝"

雨水期间，黄河流域的冬小麦从南到北逐渐返青，长江以南的油菜、小麦正在生长，这时下雨会促进大季小季的庄稼加快生长。

"雨水要淋"

指雨水期间需要水分保持土壤的湿度，才能满足农作物生长的需要。

"雨水清明紧相连，植树季节在眼前"

雨水到清明期间，降雨量很适宜树木的生长，这个时候是嫁接果木、植树造林的良好时机。

"肥是农家宝，看你找不找"

肥料是促使庄稼生长的重要因素，它是很珍贵的，就看农民去不去收集。

"肥料是关键，巧施讲三看"

三看：指看天、看地、看庄稼。要根据农作物的需要选择适当的时机下肥。

"夜冻昼消，冬灌正好"

雪天到来前，越冬农作物因下雨少出现缺水现象，小雪期间下的雪，夜晚在地上结成薄冰，白天受热溶化，给农作物起到了很好的浇灌作用。

"春雨贵如油，不让一滴流"

"春雨贵如油，夏雨满街流"

立春后，越冬的小麦、油菜等农作物和即将开始的春播都需要灌溉，春雨十分宝贵，因此要充分利用。

"春雷响，万物长"

惊蛰前后春雷乍动，气温升高，土地开始解冻，越冬的农作物和花、草、树木等都开始萌芽，快速生长，大地上的万物都充满蓬勃的生机。

"春争日，夏争时"

春耕、春播要按季节进行，做到不误农时；夏天对农作物的田间管理，要充分利用恰当的时间。

"春不种，秋不收"

种庄稼要靠勤奋才会有回报。春天不按时播种，秋天就不会有好的收成。

"春天多翻一遍，秋天多打十担"

春天多耕地翻地，秋天的粮食收成就会好。

"春天多施一担粪，秋天多收一石粮"

春天多上肥料，让庄稼营养充足，秋天会多收粮食。

"春天多种菜，能吃也能卖"

春天暖和后，蔬菜生长快，这时要多种蔬菜，即能吃又能卖钱。

"春天种树要早，夏天灭虫要了"

春天种树早比晚好，夏天灭虫越彻底越好。

"春差日子夏差时，百般宜早不宜迟"

春天种庄稼早晚的差距按天数确定；夏天收获粮食要时时抓紧。意指一切农事活动都是早比晚好。

"春分麦起身，一刻值千金"

春分时节越冬的小麦普遍返青，有的开始拔节，生长速度一天比一天快。

"春分有雨家家忙，先种瓜豆后栽秧"

春分时节，长江流域农民都忙着利用雨水天气多的条件种瓜、种豆，然后栽插早秧。

"春分无雨勤管田，秋分无雨勤管园"

春分日无雨时要抓紧时间整田耙地，准备春播；秋分日无雨时则要抓紧菜地的田间管理。

"春分一到昼夜平，耕田保场要先行"

"春分不耙地，就要误农事"

春分这天南北半球得到的阳光平均，昼夜长短平分。这时我国大部分地区的农民都积极投入到整田耙地的农事活动中，十分繁忙。

"春分不种花，心里似猫抓"

春分时节适宜种棉花，过了节气再种收成不好，心里难受得像猫抓一样。

"春耕底肥要上足，地长庄稼有力气"

意指春耕时要多上底肥，庄稼有营养才能长得好。

"春栽杨柳夏栽桑，正月栽松好时光"

春天宜栽杨柳，夏天宜栽桑树，正月宜栽松树。

"春种一日，秋种一时"

春天播种早一天比晚一天好，秋天播种早一个时辰比晚一个时辰要好。说明种庄稼一定要把握农时。

"树林不修剪，只能当柴砍"

只有经过修剪整理的树木才能成材，否则只能当柴烧。

"树怕老来空，稻怕午来风"

树木空心是材质枯竭的表现，也是树老的重要标志；中午太阳大，气温高，这时稻谷若遇强风袭击，谷粒会脱落，掉在田里。

"树是农家宝，谁栽对谁好"

树林能保护生态平衡，改善人们的生活环境，果树可结果卖钱，成材后树可修房子、做家具。谁栽了树，都可从中受益。

"要想庄稼长得好，定要锄尽田间草"

田间杂草要与农作物争抢阳光、水分和肥料，只有锄尽杂草才能为庄稼创造好的生长条件。

"要想富，栽桑树，要有钱，多养蚕"

栽桑养蚕，蚕茧可以卖钱。

"要想栽好树，就得育好苗"

指树长得好的关键在育苗。

"要想苞谷大，叶子莫打架；要想苞谷结，横顺不挨叶"

苞谷：即玉米。播种玉米的时候行距株距要大，玉米秆长高后，横顺都不要碰着叶子。

"要发家，种棉花；要致富，栽果树"

"要想长远富，多种果木树"

"要想富，多种樱桃树"

棉花、水果都是经济作物，人人需要，多种就能增加经济效益。

"要想瓜果长得好，还得养蜂把花咬"

花咬：指蜂采花。蜂在采花中将雄蕊的花粉带到雌蕊的柱头上，使雌蕊授粉结果，蜂对瓜果的丰收功劳不小。

"要想小鸡好，一次莫喂饱"

小鸡一次吃食太多，不利消化，影响生长。

"要想明年害虫少，冬天烧去地边草"

害虫的卵多粘在田边地头的杂草上，要使来年田地里害虫少，冬天应烧掉杂草，断掉产生害虫的源头。

"要吃梨，刮树皮；要吃枣，打步曲"

梨树的害虫多寄生在树皮上，刮树皮就是消灭害虫；打步曲就是消灭枣树的害虫。

"要吃面，立夏十日旱；要吃米，一伏三场雨"

立夏期间小麦正处于灌浆阶段，需要暖热的天气助长，此时宜晴。一伏期间早稻的生长和中稻的栽培都需要充足的水分，此时宜雨。

"要想晚谷长得好，插后一天洗个澡"

指晚稻栽后返青时，田里的水要日灌夜排。

"要想萝卜大，多把粪来下"

萝卜是喜肥作物，宜多次施肥。

"要想棉种好，年年把茬倒"

意指收割后留在地里的茎和根。

"要想果树好，刷白、培土、除草、浇水少不了"

指果树管理期间的主要内容。

"要让韭菜长，只有灰来养"

要想韭菜长得好应多加灰肥。

"要想树儿活，莫使春晓得"

春：指立春。要在立春前栽树存活率才会高。

"要使禾长好，多加粪草；要使田好，少不了犁田薅草"

指稻田的田间管理。

"要棉好，防虫、施肥、勤锄草"

指对棉花地的田间管理。

"要使红苕长得好，要把灰肥来上饱"

红苕：甘薯。甘薯是喜灰肥的作物，要注意多施灰肥。

"种田不看天，不收别叫冤"

种庄稼要遵循自然规律，严格按照庄稼对天气的需要进行，否则庄稼长不好，影响收成。

"种田不养牛，不如叫花头"

"种田无牛，愁得磕头"

种田要靠牛犁田耙地，庄稼人如不养牛，则无牛耕地，没有粮食，跟叫花子差不多。

"种地有良种，好比田地多几垅"

"种地不选种，定把自己哄"

庄稼人种地挑选良种，可以提高农作物的产量，等于增加了田地的面积。

"种地不上粪，等于瞎胡混"

"种地没巧，粪水要吃饱"

"种地不用问，深耕多浇粪"

庄稼肥当先，没有充足的肥料，农作物长不好，等于白费力气。

"种柏怕春知，种杉怕雨来"

种柏树宜在立春之前，种杉树宜在雨水之前。

"种不好庄稼一年穷，修不好水渠一世穷"

种不好庄稼，一年缺吃少穿；修不好蓄水的堰、塘、渠，则一辈子都缺吃少穿。

"种菜不拣苗，到老长不好"

种菜不挑选粗壮的苗子，最终不会长出好的蔬菜。

"种田不用问，深耕多上粪"

种田不用去了解有什么捷径，一是深耕细作，搞好田间管理；二是施上充足的肥料，确保庄稼有足够的营养。

"种田不养猪，十年九年输"

庄稼人要养猪，用猪粪来肥田，否则十年中有九年的庄稼都不会有好的收成。

"种田无定例，全靠看节气"

种田没有按部就班的统一事例，只能按农事节气进行。

"种田不修塘，好比无娘儿"

种田的人不修蓄水的堰塘，没了水源，跟无娘的孤儿差不多。

"种地不开沟，十种九不收"

种地不开沟，下大雨时不能及时排水，庄稼容易遭涝灾，很难有收成。

"种稻好，种稻好，多收粮食多收草，猪有糠来，牛有草"

种稻是一件很好的事。人有粮食吃，牛有稻草吃，猪有米糠吃。

"种地不治虫，等于给虫当长工"

庄稼人不把虫害根除，种的粮食被虫吃了，这好似给虫白白干活。

"种花不治虫，有苗没有铃"

种棉花不消除虫害，棉苗上结不出棉桃来。

"种花没有窍，多锄勤拔草，头遍要顶真，二遍要锄深，三遍草拔净，四遍要封根"

这是棉花各个生长阶段田间管理的内容与要求。

"种花生，要抢生"

种花生不能总在一块地里，要轮流换土地。

"种麦白三白，一亩田四石麦"

白：指雪。麦子种下后，冬天能下三场雪，收获时产量就会高。

"种稻要泥糊，种麦要泥粉"

种稻子的泥土需要软，种麦的泥土要疏松。

"种地不锄草，到头啃野草"

种地要加强田间管理，否则庄稼没收成，只能吃野草度日。

"秋分下雨天气寒"

秋分时气候有时连绵阴雨，气温较低，容易使收获的农作物霉烂或发芽，此条谚语提醒农家及时秋收和做好粮食晾晒。

"秋分不露头，割了喂老牛"

秋分时如果处于扬花阶段的双季晚稻还不扬花，说明它的生长不正常，只好割掉喂牛。

"秋分谷见黄，大风要提防"

秋分时已经成熟的谷子要抓紧收割入仓，避免日后可能出现的寒露风对其形成危害。

"秋分前后无人闲，打场种麦干在前"

秋分时节，是我国秋收秋种的时候，农民十分繁忙。

"秋分连夜雨，迟早一起死"

秋分时节，我国许多地区的晚稻、夏玉米、棉花、花生、大豆、烟叶等农作物都已成熟收获，此时连绵的阴雨，容易使这些农作物霉烂或发芽，给农民造成损失。

"秋分有霜，晚稻受伤"

秋分时节，双季晚稻正在孕穗、抽穗，此时早晚起霜会对它们造成伤害。

"秋冬犁两遍，虫也死，草也烂"

"秋后不深耕，来年虫子生"

秋、冬季将闲地多次犁翻，害虫埋地里会冻死，杂草也会冻烂。

"秋耕多一遍，顶上粪一遍"

指秋天耕地及施加肥料的重要性。

"秋耕深，春耕浅"

秋天的土地因经过日晒、雨浸，土质疏松，适宜深耕；春天雨水少，深耕后土壤的水分容易蒸发，因而只有浅耕才能保持土壤适合种子发芽和农作物生长的湿度。

"秋施肥，冬浇水，来年庄稼长得美"

指对已种的农作物秋天上肥、冬天灌水，来年开春后就会长得好。

"秋前不割稻，秋后莫怪天"

指立秋前不割单季晚稻，秋后稻粒太老容易脱落减产。

"养猪不打圈，不算庄稼汉"

指养猪要经常打扫猪圈，既有猪粪给庄稼施肥，又能保持猪圈的卫生。

"养猪不为钱，回头看看田"

养猪不只是为了卖猪挣钱，猪粪养庄稼取得的经济效益比养猪卖的钱更多。

"耕得深，翻得匀，地里埋聚宝盆"

"耕要深，耙要细，一季收入顶两季"

在深耕细作的土地上，农作物才能长得很好，收效高，犹如在地里埋了个聚宝盆。

"耕田不养猪，等于秀才不读书"

农家养猪既有肉吃，又能卖钱，还有种庄稼的肥料，如果农家不养猪，就跟秀才不读书一样。

"耕牛又歇又饱，耕田四十不老"

牛在耕作期间，既要让它适当休息，还要注意喂养，这样即使让牛耕作几十年也没有问题。

"栽树种桐，子孙不穷"

栽树既能保护生态环境，又能带来经济效益，功在当代，利在千秋。

"栽个花果山，强如米粮川"

花果山：指花草、果木；米粮川：指粮食作物。在山上栽花种果树，产生的经济效益并不比种粮食差。

"栽禾一条线，打禾一把扇"

栽稻要直线成行，打谷时则要将稻穗摊开，形似扇子，这样谷粒才会完全脱落。

"栽桑多养蚕，家里不缺钱"

栽桑树养蚕，是农民获得经济效益的方式之一。

"栽秧不栽幺二三，要栽蟹钳式"

幺二三：指拇指、食指和中指。栽秧不能用拇指、食指和中指拈着，只能用食指与中指钳着插。这样秧穴小，容易成活。

"栽完秧不薅，谷子如牛毛"

薅：指田间管理；牛毛：多指杂草。秧田若不进行田间管理，谷子会像牛毛那样细小。

"栽秧要抢先，割麦要抢天"

栽秧宜早不宜迟，这样稻谷才能长得好，产量会高；收割麦子则要在晴天，这样便于晾晒，以防止麦子发芽、霉烂。

"栽花不如种菜，养鸟不如养鸡"

栽花、养鸟是一种休闲的活动，种菜、养鸡既可供食用，又可以卖钱。因此，在生产力不发达的时代，人们认为种菜、养鸡比栽花、养鸟好。

"栽棉开沟一条线，沟深最好四寸半"

棉花地开沟要直线成行，沟的深度要四寸半最好。

"栽苕不翻藤，挖起来是肉根"

甘薯苗藤长长之后，要多次翻藤，使阳光和地里的肥料被甘薯充分吸收，这样甘薯才能长得粗壮。

"栽树莫过清明"

清明节前后，天气转暖，雨水较多，是栽树的最佳时间。

"栽树莫透风，透风白费工"

栽树下坑填土时，要将泥土捶砸夯实，树根不能有透风的现象，否则成活率低。

"栽树没巧，深填实捣"

栽树没有窍门，只能实干，树坑要挖得深，种下树苗后，把泥土捶捣结实，确保根不透风。

"栽蒜不出九，出九长独头"

栽蒜不要超过农历九月，否则蒜头长不大。

"桐子落地，三年还种"

桐树的生长周期短，从种到结果一般需要三年的时间。

"桃三李四梨五年，枣树当年好还钱"

桃树栽三年就能开花结果，李子树要四年，梨树要五年，而枣树则种的当年就能开花结果，获得收益。

"桃南杏北梨东西，石榴藏在枝头里"

桃子树是喜阳的植物，多在朝南向阳的树枝上结果；李子树是喜阴的植物，多在朝北不向阳的树枝上结果；梨子树不受阳光的影响，东西方向的树枝都能结果；而石榴树则多在茂密的树叶里结果。

"夏至六月天，黄金季节要抢先"

夏至日起进入炎热的季节，此时的庄稼生长旺盛，除冬小麦的收割外，农事活动的重点在田间管理和补充肥料。农民要认真抓住农业生产这个关键时间。

"夏至不锄草，如同养下毒蛇咬"
"夏至不锄地，秋天饿肚皮"
"夏至不锄谷，秋天饿着哭"
"夏至一天不锄草，入秋三天锄不了"

夏至期间日照充足，非常适合农作物生长，但农田里杂草的生长也很快，它们要与庄稼争抢阳光、水分与肥料。此时，要注意松地锄草，否则杂草对庄稼会造成很大的威胁。

"夏至十日麦秆黄，小暑不割麦自亡"

夏至后麦子已成熟，如小暑期间还不收割，麦子会自行脱粒。

"夏至荞麦小满雨，八月种麦有根据"

夏至种的荞麦小满时如下雨，有了充足的水分养麦就会很好生长。农历八月是北方开始播种冬小麦最适宜的时间。

"夏至不栽秧，一定闹饥荒"

夏至期间是栽晚稻的时候，若栽晚了，要歉收。缺粮食吃，就要闹饥荒。

"夏至忙忙，点火栽秧；早栽是米，晚栽是糠"

夏至期间农事很忙，要点着火把赶时间，在夜间栽秧。栽得早，谷粒饱满是米；栽晚了，谷粒不饱满，等于是喂猪的糠。

"夏天多捕一只蛾，秋后多收谷一箩"

蛾：指水稻的害虫。在夏天蛾产卵之前就将它们消灭，使蛾不能繁殖。谷子免受虫害就会有好的收成。

"夏旱修仓，秋旱离乡"

夏季是喜温农作物生长的季节，即使干旱也不可怕，仍可修建仓库，待粮食丰收时入仓储存；秋季干旱，越冬农作物生长不好，来年粮食歉收，人们只好离乡逃荒。

"秧奔小满谷奔秋，插秧宜早不宜迟"

小满期间温度、雨水很适宜早稻的生长和中稻的培育，立秋期间是早稻收割和中稻生长的重要阶段。早稻的收割和中稻的栽插都宜早不宜迟。

"秧踩三遍谷粒满，棉锄四遍白似银"

踩：指薅秧。稻田薅三次谷粒就会结得饱满；松地、锄草四次，棉花会长得很好。

"秧过小满十日栽，十日不栽一场空"

中稻秧要在小满后十日栽插，如果时间再晚，稻谷就长不好。

"秧薅草，豆薅花，高粱不薅长个疤"

指对秧田、豆地、高粱地的锄草要抓住时机。

"秧要抢栽，谷要抢割"

指谷子要抢种抢收。

"秧子栽得浅，白米饭堆得满；秧子栽得深，十天半月不转青"

稻秧宜浅栽浅插，栽插深了，秧苗转青的时间长。

"高的荞麦不如矮矮豆"

荞麦的苗虽然长得高，却不如苗长得矮的豆籽粒实。

"高地芝麻洼地豆"

种农作物要根据品种的生长条件因地制宜，高地宜种芝麻，洼地宜种豆类。

"高山松柏核桃沟，沿河两岸栽杨柳"

种树要根据树种的生长环境进行，这样成活率高，生长得快。

"高粱地里卧下狗，玉米地里卧下牛"

指高粱和玉米宜种稀。

"高粱锄五遍，瞪出大红眼"

高粱下种后，锄草、松土多次，高粱将长得又高又壮，穗大粒饱。

"高粱地里种小豆，高粱不少收，额外赚小豆"

高粱与豆类作物同种，充分利用土地，不仅高粱收成好，而且额外多收了小豆。

"高粱开花地裂纹，提前准备粮仓囤"

高粱开花抽穗时不怕干旱，收割时不会减产。

"萝卜是根，耕地要深"

萝卜是生长在泥土里的根茎作物，种前要深翻土地，种后要多次锄草培土。

"清明谷雨紧相连，浸种春耕莫迟延"

清明和谷雨这两个相互连在一起的节气，对农业生产十分重要，稻谷要撒种，田地要犁耙，这些都是不能延迟的重要农事。

"清明播种，谷雨插田"

"清明下种，谷雨插秧"

清明期间要撒播中稻，谷雨期间是插秧的时节。

"清明播种立夏插，小暑中耕大暑收"

指单季稻播种、分栽、田间管理和收割的几个节气。

"清明过后三朝霜，条条沟里好铺床"

清明期间连续出现霜露，对已栽的和快播种的农作物都会起到很好的滋润作用，非常有利于它们的生长。后一句指庄稼长得好，粮食要丰收。

"清明时节，麦长三节"

清明期间北方常有晚霜，南方常有低湿阴雨纷飞的天气，对庄稼生长十分有利，麦子在此时生长特别快。

"清明有雨麦子壮，小满有雨麦头齐"

清明期间，冬小麦拔节出穗，需要大量水分；小满期间麦子处在灌浆阶段，水分充足可促使麦粒饱满。

"清明前，去喂蚕，四十五天卖大钱"

清明开始养蚕，四十五天就可以结茧卖钱。

"清明不整田，农人太大胆"

清明这段时间，是一年农事活动最关键的时期，大江南北处处呈现着繁忙的春种景象。这时农民还不赶紧耕田犁地，准备春播，表明过于胆大。

"清明刮去坟头土，庄稼老汉白受苦"

意指清明这天刮风会干旱，庄稼收成不好，犹如农民白干活。

"清明风若从南起，定然田禾有大收"
"清明这天南风起，这年是个丰收年"
"清明节这天刮南风，当年粮食要丰收"

清明这天若有南风吹，这年一定是个丰收年。

"清明难得晴，谷雨难得雨"

"清明要明，谷雨要淋"

意指清明期间南方阴雨纷飞，难得有晴天；谷雨期间充足的雨水可使庄稼很好生长，这时的雨很宝贵。

"清明三，大暑二"

早稻在清明节前三天，晚稻在大暑后的第二天栽种最合适。

"清明苞谷谷雨花，稻谷播插到立夏"

清明期间种玉米，谷雨期间种棉花，立夏期间分插稻谷（单季稻）。

"清明不撒谷，秋来谷不熟"

清明期间不撒稻谷，秋天稻谷不能成熟收割。

"清明辣子谷雨瓜，种瓜莫把时间差"

清明期间种辣椒，谷雨期间种瓜豆，种瓜不能误了农时。

"清明高粱谷雨花，立夏苞谷顶呱呱"

清明期间种高粱，谷雨期间种棉花，立夏期间则种晚玉米最好。

"清明不见风，麻豆好收成"

清明期间不刮风，麻豆会丰收。

"清明种麻小满谷，元旦种秫秫丰足"

秫：指黏高粱。清明期间宜种麻，小满期间宜种中稻；南方的热带地区，过年后就种黏高粱收成最好。

"清明谷雨四月天，赶种早秋莫迟慢；先种谷子和高粱，再种烟和棉"

清明、谷雨期间要抓紧种早秋作物，先种稻谷和高粱，再种烟和棉花。

"清明谷雨两相连，种过棉花种大田"

大田：指高粱。清明、谷雨期间适宜种棉花和高粱。

"清明前，好种田；清明后，好种豆"

清明节之前，要开始整田耕地，清明节之后要种豆子。

"清明后，谷雨前，高粱麦儿在露头"

清明之后，谷雨之前，南方热带地区的高粱和黄河流域的冬小麦已拔节或抽穗。

"清明早，小满迟，谷雨种花正当时"

清明期间太早，小满期间太晚，谷雨期间则是种棉花的最佳时间。

"清明竹笋出，谷雨笋出齐"

清明期间竹笋开始从土里冒尖，谷雨期间竹笋已经长成。

"深耕细作，不分不种"

分：指春分、秋分。在这两个节气期间都要深耕细作，以便春分时春种，秋分时秋种。

"惊蛰不耕地，好比蒸锅走了气"

"惊蛰不耙地，好比蒸馍走了气"

惊蛰期间冬小麦普遍开始返青，生长加快，这时农民要及时耙地，以减少水分的蒸发。

"惊蛰种麦堆满仓，清明种麦一把糠"

指惊蛰期间种麦会丰收，清明期间种麦时间已晚没有收成。

"惊蛰玉米清明秧，种完黄豆过端阳"

惊蛰期间宜种玉米，清明期间宜撒稻种，然后在端午节之前将黄豆播种完毕。

"惊蛰高粱春分秧"

惊蛰期间是种高粱的时候，春分期间长江流域的水稻开始整田、播种、育秧。

"惊蛰早，谷雨迟，清明春播最适时"

惊蛰太早，谷雨太晚，清明期间才是水稻、瓜豆、洋芋、辣椒、高粱、玉米等农作物播种最恰当的时节。

"惊蛰撒种夏至栽，还在娘家就怀胎"

惊蛰期间撒播稻谷，夏至期间移栽秧苗；季节适当，庄稼长得好，稻谷就要丰收。

"惊蛰不藏牛，一年活计开了头"

惊蛰期间，我国大部分地区将开始春耕生产，此时不能让牛休息，要做好春耕。

"惊蛰不浸谷，大暑禾不熟"

惊蛰期间南方的双季早稻开始播种，若此时不播种，大暑期间就不能成熟收割。

"惊蛰不放蜂，十笼九笼空"

惊蛰期间有时北方的冷空气活动比较频繁，气温不稳定，此时不宜放蜂。

"锄草要除根，杀虫灭子孙"

"锄草不锄根，等于瞎胡混"

指锄草要把草的根除掉，杀虫则要灭掉滋生害虫的虫卵。

"锄地松土又保场，草净苗壮长得旺"

种庄稼要松土，促进种子发芽和农作物生长所需要的条件。

"锄疙瘩，留稀拉"

疙瘩：指农作物稠密；稀拉：指农作物稀疏。指对农作物进行田间管理时要把多余的农作物除掉，庄稼才能长好。

"锄麦地皮干，麦子不上疸"

疸：即黄疸，是麦子的黄锈病。农民给麦地锄草时泥土随即疏松，便于地上的水分蒸发，地皮干了，麦子也就不易得黄锈病。

"腊雪是被，春雪是鬼"

农历腊月天下雪，犹如一床棉被，既增加水分，又冻死害虫，起着保麦苗的作用；春天麦苗正在拔节生长，需要温度较高，这时下雪会冻伤麦苗，影响麦子的生长。

"寒露多雨水，晚稻慢出穗"

寒露期间下雨多，气温下降，将影响晚稻开花抽穗的进程。

"寒露有霜，晚稻受伤"

节气到了寒露，地面上的露水日益增多，有时在北方南移的冷空气作用下气温降低，露水凝结成霜，对正在生长中的晚稻造成伤害。

"寒露禾怕风"

寒露期间，有时北风带着冷空气南下，俗称"寒露风"，对南方种双季稻的地区正在扬花抽穗的晚稻造成危害。

"寒露一到百草枯，薯类收藏莫迟误"

寒露时节，我国大江南北露气渐浓，各种草木开始枯萎；怕霜的薯类作物在霜降时遇到浓霜容易冻烂，农民应在霜降之前入窖收藏。

"寒露粮食收得多，霜降桐茶都剥壳"

寒露期间，长江流域及以南地区忙着抢收中稻、秋玉米；种桐茶的地区霜降期间则要收桐茶。

"寒露时节人人忙，种麦、摘花、打豆场"

寒露期间是繁忙的秋收秋种季节，要种麦子、摘棉花、打豆子。

"寒露畜不闲，昼夜加班赶，抓紧种小麦，再晚要减产"

寒露期耕牛还不能休息，要抓紧时间秋耕种小麦，过了季节再种产量不高。

"寒露胡豆霜降麦，立冬油菜绵不得"

绵：指拖延时间。寒露期间种胡豆，霜降期间点麦子，立冬期间种油菜，种庄稼绝对不能误了季节。

"寒露不出终不出，霜降不黄终不黄"

指寒露期间双季晚稻还未抽穗结满谷粒，日后天气寒冷更长不好，到霜降更是不可能成熟的。

"寒露过去是霜降，忙着秋收接秋种"

寒露过完之后是霜降，这期间是农村的大忙时节，先是秋收，接着又是秋种。

"寒露到立冬，翻地冻死虫"

寒露到立冬这段时间，农民要对闲置的田地进行犁翻，将害虫埋在地里，使其在寒冬时冻死。

"寒来早起莫贪眠，夏日勤耕好种田，秋来懒惰无收成，春冬腊月莫怨天"

这条农谚意在提醒农民一年四季都要勤于劳作，才能丰衣足食。

"寒里不开沟，来年没有收"

寒冷的冬天要给庄稼地开沟，如不开沟，来年雨多时不能及时排出多余的水，庄稼遭水淹要减产。

"寒天麦上盖层泥，赛过盖上一层被"

盖泥：指培土。寒冷的冬天给麦地培土增厚土层，可给麦地保水保暖，其效果比盖上一床厚被还要好。

"数九风吹泥沙上了冰，来年庄稼长得凶"

数九期间寒风使气温降低，土地冻冰，既增加了土地的水分，又冻死了害虫，第二年庄稼就长得好。

"数九喂了牛，来年种地不发愁"

数九期间天冷，多给牛添饲料，可增加牛的营养和热量，使牛安全过冬，第二年体健力强就能好好耕田耙地了。

"满仓斗，快播耧；半仓斗，慢摇耧"

耧：播种用的农具，由牲畜牵引，后面要有人扶着，可以同时完成开沟和播种两个动作。此谚语讲的是种麦的动作要领。

"满地花秆拔个净，来年少有虫和病"

棉花收获后，要将地上的花秆收拾干净，否则粘存在花秆上的害虫卵和病毒又会成为来年棉花虫病害的根源。

"稻怕寒露一夜霜，麦怕清明连夜雨"

寒露期间地面上的露水增多，气温降低，露有时凝结成霜，给正在扬花抽穗中需要温度的晚稻造成伤害；清明期间冬小麦正在抽穗，雨水不宜过多，气温不宜太低。这时，连夜降雨对麦子的生长不利。

"霜降拢菜，立冬起菜"

拢菜：指用草或绳将白菜叶捆在一起，使其长得更结实。霜降时拢白菜，立冬时即可收回家。

"霜降盘田水，立冬好捡起"

盘：排放；捡起：指收割。霜降期间将晚稻田中的水放掉，让其加快成熟，冬至期间即可收割。

"霜降配羊清明奶，夏至前后羊满坡"

霜降期间给母羊配种，来年清明期间即可分娩吃奶；到了夏至期间则山坡上可以放牧成群结队的羊了。

"藕生应月，月生一节，闰辄益一"

应：遵照；闰：闰月；辄：就；益：增多。藕的生长是遵照规律的，一月长一节，如遇闰月时则要多生长一节。

"灌浆前后锄道草，麦籽面多皮又少"

灌浆：指粮食作物快成熟时，养料通过导管灌到籽粒里去，胚乳逐渐发育成浆液状。麦子灌浆时锄草，养料充足，使籽粒更加饱满，麦面出得多。

"灌水有三看，看天看地看庄稼"

庄稼何时灌水最好，要根据天气、泥土的干湿和庄稼需水的时间来适当选择。

"灌水要适宜，田里出大米；两头放水是金田，一头放水是银田，没处放水是死田"

对稻田灌溉要掌握稻禾需要水分的饱和程度，不超过这个界限，田里就能长出粒多子饱的大米。为了避免稻禾遭淹，要开好放水的田沟。稻田两侧都有放水沟的最好，只有一侧有次之，没有放水沟的则将被水淹，变成不结稻谷的死田。

图书在版编目（CIP）数据

常用谚语释义 / 陈丙合，陈昱州编著. —北京：中国农业出版社，2022.8（2025.7 重印）
ISBN 978-7-109-29461-5

Ⅰ.①常…　Ⅱ.①陈…②陈…　Ⅲ.①汉语－谚语－通俗读物　Ⅳ.①H136.3-49

中国版本图书馆 CIP 数据核字（2022）第 090375 号

常用谚语释义
CHANGYONG YANYU SHIYI

中国农业出版社出版
地址：北京市朝阳区麦子店街 18 号楼
邮编：100125
责任编辑：赵　刚　　文字编辑：王佳欣
版式设计：杜　然　　责任校对：刘丽香
印刷：北京通州皇家印刷厂
版次：2022 年 8 月第 1 版
印次：2025 年 7 月北京第 10 次印刷
发行：新华书店北京发行所
开本：880mm×1230mm　1/32
印张：9
字数：245 千字
定价：28.00 元